LA CHARITÉ

ET LA

MISÈRE A PARIS

PAR

M. L'ABBÉ MULLOIS

Premier Chapelain de la Maison de l'Empereur,

MISSIONNAIRE APOSTOLIQUE.

TOME PREMIER

TROISIÈME ÉDITION

PRIX : 1 fr. 75 c.

PARIS,

C. DILLET, libraire, Gérant du Messager de la Charité,

60, rue du Bac, passage Sainte-Marie, 2 bis.

PÉRISSE frères, rue St-Sulpice, 38. | J. B. PÉLAGAUD, dépôt ALBANEL, rue
PAULMIER, rue du Cherche-Midi, 28. | des Saints-Pères, 56.

LYON,

PÉRISSE frères, rue Mercière, 43. | J. B. PÉLAGAUD et Cie, rue Mercière, 50.

1856.

PETITE BIBLIOTHÈQUE

POPULAIRE ET CHARITABLE

Sous la direction de M. l'abbé **MULLOIS**

Cours d'éloquence sacrée populaire, ou Essai sur la manière de parler au peuple, par M. l'abbé MULLOIS. Cinquième édition, 2 vol. in-12. Prix........... 6—00

Le troisième volume est sous presse.

Manuel de charité, par M. l'abbé MULLOIS, quatorzième édition. 1 vol. in-12. Prix........................ 1—75

Livres des classes ouvrières, seizième édition. Vendu à 200,000 exemp. Prix, br. : 40 c. ; cart......... 0—50

La charité aux enfants, par M. l'abbé MULLOIS, neuvième édition. Prix, édition de luxe : 1 fr. 25 c. ; édition ordinaire.. 0—50

Doctrine chrétienne de Lhomond. Nouvelle édition, avec des exemples, in-12. Prix.................. 1—25

Pensées d'Humbert sur les grandes vérités de la religion, également avec des exemples, in-12. Prix. 1—50

Histoire populaire de Napoléon Ier, in-12. Prix . 1—00

Histoire populaire de la Révolution, in-12. Prix 1—00

Le Dimanche au Peuple, par M. l'abbé MULLOIS, vingt-sixième édition. Prix........................ 0—15

Le Dimanche aux classes élevées de la société ou Manuel de l'œuvre du dimanche, par M. l'abbé MULLOIS. Prix.. 0—[illegible]

Le Messager de la charité, journal hebdomadaire ne s'occupant que des améliorations matérielles et morales à apporter au sort des classes populaires. Prix de l'abonnement par an : 7—00

Pour les livres et le journal, s'adresser

A M. *Dillet*, gérant, passage Sainte-Marie, 2 bis, [illegible]

A Bruxelles, chez *Praemaere*.

A Genève, chez *Mehling*.

Beaugency. — Imp. de Gasnier.

R

LA CHARITÉ

ET LA

MISÈRE A PARIS.

BEAUGENCY. — IMP. DE GASNIER.

LA CHARITÉ

ET LA

MISÈRE A PARIS

PAR

M. L'ABBÉ MULLOIS,

PREMIER CHAPELAIN DE LA MAISON DE L'EMPEREUR,

Missionnaire apostolique.

Troisième Édition.

PARIS

PÉRISSE frères, rue St-Sulpice, 26. | PÉLAGAUD, rue des Sts-Pères, 56.
DOUNIOL, rue de Tournon. | PAULMIER, rue du Cherche-Midi, 23.

Au bureau du Messager de la Charité
Passage Sainte-Marie (2 bis).

LYON
PÉRISSE FRÈRES.

1856

PRÉFACE.

Ce livre contiendra beaucoup de détails sur l'ouvrier de Paris, sur ses habitudes, sa vie, son esprit ;

Sur les gens des petits métiers, chiffonniers, balayeurs, marchands des quatre-saisons, chanteurs des rues ;

Sur les industries inconnues, marchands de croûtes de pain, d'asticots, de hannetons, boulangers et bouchers en vieux, teneurs d'estaminets des pieds humides ;

Sur ces pauvres gens qui luttent avec le pain quotidien, qui exercent, comme ils le disent, soixante-trois métiers à la fois, et encore ouvrent les voitures dans la morte saison ; qui travaillent en même temps dans la peinture, la politique et les peaux de lapin ;

Sur cette population vagabonde pour laquelle un métier n'est qu'un prétexte, et qui fait généralement tout ce qui ne concerne pas son état ;

Enfin sur tous ces asiles et toutes ces avenues de la misère ; sur les garnis à quatre sous et à deux sous, où l'on vous demande en toute franchise et conscience si votre intention est de dormir dans des draps blancs ou dans des draps salés ; sur les tripots et les cabarets borgnes, sans oublier feu Paul Niquet.

Ce peuple est vraiment intéressant ; il y a des choses admirables au milieu des ordures de toute espèce, y compris les gens, comme disait un chiffonnier ; on pourrait faire beaucoup de bien à un très-grand nombre ; il n'est pas assez connu. Chose étrange ! on fait des études sur tout le monde, sur les Anglais, les Russes, les Indiens, les Chinois et les Arabes, mais étudiez donc le peuple de Paris. C'est le plus original, le plus curieux à étudier, le plus spirituel de l'univers ; deux ou trois de ces mots pittoresques et charmants qu'il jette à profusion entre les bouffées de sa pipe ou d'un bout de cigare qu'il vient de ramasser dans la rue, suffiraient à faire à un académicien la réputation d'homme d'esprit. Il a vraiment du malheur d'habiter les bords de la Seine ; s'il habitait les bords du Gange ou du fleuve Jaune, il servirait de texte à des pages magnifiques.

Et puis tout est là pêle-mêle, le bien et le mal, le beau et le laid, le sublime et l'affreux, la scélératesse et l'héroïsme, l'angélique et le diabolique : c'est tout ensemble le ciel et l'enfer, et le purgatoire aussi.

C'est là qu'on apprend à connaître les hommes. Cette population est si franche, si ouverte ; vous lisez dans les cœurs, et c'est un livre instructif qu'un cœur qui se laisse étudier, fût-ce même un mauvais cœur.

C'est là aussi que l'on apprend à bien connaître la vie, les tristes retours des choses humaines en présence de tant d'illusions déçues et de tant de grandeurs en guenilles. Toutes les classes de la société sont représentées dans ce monde. Le marquis s'y trouve, le comte n'y est pas rare ; l'ancien fonctionnaire y abonde, le naufragé des arts et des lettres y foisonne. Que dire du naufragé des plaisirs ? La femme autrefois fêtée, *reine*, ayant un superbe équipage, n'a plus pour sceptre qu'un triste balai, ou bien le cachemire de quatre ou cinq mille francs est remplacé sur ses épaules par une hotte d'osier, et à la place de la couronne de fleurs, ornée de diamants, est un foulard qui n'a plus même le mérite d'être jaune. A la vue de ce spectacle on comprend mieux la vie..... l'âme se replie sur elle-même, réfléchit profondément, s'apitoie sur les immenses misères de l'homme ; et alors on prend la résolution de devenir meilleur pour soi et meilleur pour les autres.

INTRODUCTION.

Grâce à Dieu, il est aujourd'hui en France un terrain sur lequel nous pouvons tous nous rencontrer et nous serrer affectueusement la main, c'est le terrain de la charité.

La charité, elle est partout, en haut, en bas, au milieu. Le monde mondain lui-même est charitable quand il y songe, et il ne demande pas mieux que d'y songer.

La charité, tous l'aiment, et il ne faut pas désespérer d'un peuple charitable.

La charité, n'est-ce pas la sève de l'Évangile? Dieu pardonnera beaucoup à la France, parce qu'elle a beaucoup aimé les pauvres et les petits.

Hélas! sans doute tous ne veulent pas encore de la religion, mais qui sait si la charité ne sera pas la douce voie qui en ramènera un grand nombre à la vérité? Espérons qu'après avoir aimé leurs frères qui sont sur la terre, ils aimeront le Père qui est aux Cieux.

Aussi, pourvuivant toujours notre but qui est de rendre le peuple français meilleur et plus heureux, et qui est notre joie et notre vie, nous allons étudier la charité là où elle brille de tout son éclat, là où l'extrême charité lutte avec l'extrême misère, à Paris.

Ailleurs, nous avons exposé les principes et les industries de la charité ; ici, nous allons montrer la charité à l'œuvre, la charité en action. Une belle parole, c'est bien et c'est puissant ; une belle action, c'est mieux et plus puissant encore : on a tant abusé de la parole !

Paris n'est vraiment pas connu, il ne se connaît peut-être pas bien lui-même. Des écrivains, propablement sans le vouloir, l'ont flétri aux yeux de la France et du monde ; sous prétexte de peindre la vie réelle, ils nous ont donné des pages qui n'étaient que des biographies de scélérats grandioses ou de scélérats de bas étage. On a appelé cela de fines et spirituelles études de mœurs, tandis que ce n'étaient, le plus souvent, que de fines et spirituelles calomnies, ou de méchantes exceptions : il est temps que justice lui soit rendue, il est temps de lui restituer sa part de gloire et de mérite.

Paris a ses torts et ses faiblesses, mais aussi il a ses vertus et ses héroïsmes. Hâtons-nous de le dire, nulle part l'Évangile n'est mieux connu et mieux pratiqué.

Sans doute, il y a le Paris léger, vaniteux, gourmand et mercantile, qui se moque, qui blasphème, qui maudit, qui corrompt, qui se gorge de vins et de plaisirs, qui joue à la Bourse, qui vend et achète tout, jusqu'à l'honneur.

Mais aussi il y a le Paris honnête, sobre, charitable et généreux qui travaille, qui se résigne, qui compatit, qui visite la mansarde, qui verse des consolations dans les âmes aigries.

S'il y a des cœurs de boue ou de métal, il y a des âmes d'élite, des cœurs d'anges.

On parle beaucoup de la corruption de Paris, on ferait bien de parler aussi de ses vertus ; on imite les modes et les vanités de Paris, on ferait bien d'imiter aussi sa charité et ses dévouements. O Paris, que Dieu te rende selon ta charité ! C'est là qu'elle est bonne, industrieuse, active ; elle parle, elle agit, elle va, elle vient, elle compatit, elle aime et elle est aimée. Là, une femme jeune, riche, noble, belle, adorée, donne aux pauvres et aux infirmes des soins qui feraient frémir des pieds à la tête plus d'une *grande dame* des petites villes. « La capitale de la civilisation, s'écrie le chef vénéré de ce grand diocèse, peut s'appeler encore la capitale de la charité. » Nulle part on ne donne plus et mieux, c'est-à-dire avec plus de joie et de délicatesse. Si Paris était menacé de la colère du Ciel, la charité détournerait les foudres vengeresses, et Dieu laisserait subsister cette grande cité, à causes des œuvres charitables qui s'y font (1).

Je vais donc raconter simplement une partie du bien qui se fait à Paris, du mal que l'on y souffre, du bien qui pourrait s'y faire encore, afin que l'on puisse l'imiter ailleurs ; car, ici comme en beaucoup d'autres choses, l'exemple de Paris est tout-puissant.

L'influence de Paris sur la France est incontestable et irrésistible ; ceux qui la maudissent et la repoussent, la subissent eux-mêmes sans le savoir. Est-ce un bien, est-ce un mal ? Je ne le juge pas, je dis ce qui est et ce qui sera.

Aujourd'hui rien n'est bien fait, s'il n'est fait à Paris ; nul talent n'est reconnu grand, s'il n'est consacré par Paris ; nulle œuvre ne

(1) Mandement sur la charité.

fera une longue route dans le monde, si elle n'a été enfantée ou patronnée par Paris. Paris fait et défait les réputations et les gloires, trop souvent au gré d'un caprice; quelquefois il est indulgent, quelquefois il est sévère, impitoyable; n'importe, ses jugements sont acceptés.

Son influence va grandir encore avec ses mille voies de fer. La foule va se précipiter dans ses murs, ce sera un va-et-vient continuel de Paris aux extrémités de la France, et des extrémités de la France à Paris; on ne voudra plus que ce qui viendra de la grande cité; vous verrez que l'on ne pourra plus même chausser convenablement l'humanité, si l'on n'est venu apprendre à la chausser à Paris.

Il faut faire tourner cette influence au profit du bien : essayons d'améliorer Paris, ce sera améliorer la France tout entière. Les apôtres étaient venus se fixer à Rome, afin que de là l'Évangile se répandît plus facilement dans l'empire romain. L'influence de Paris sur le monde moral, c'est bien autre chose. Avec la facilité des communications nous allons vivre un siècle en vingt ans, et le meilleur moyen de réussir, c'est la charité, les autres moyens sont usés. La charité est encore la seule chose respectée et aimée de tous, on ne croit plus guère à la parole, et la religion épouvante plus d'un cœur; tel qui se fait gloire de n'être pas religieux, rougirait de ne pas passer pour charitable. Il faut donc développer la charité, la faire grandir avec l'influence de Paris; alors elle tombera de haut sur toute la France, son empire sera irrésistible; elle déconcertera toutes les mauvaises volontés: les paresses, les petites idées, les prétextes, les routines et tous les égoïsmes; un homme endurcira son front et son cœur à la pitié pour les malheureux, résistera à toutes les meilleures raisons, mais il ne résistera pas à celle-ci: cela se fait à Paris!... La charité présentée à la France par Paris, quelle force, quel colosse, quelle puissance pour le bien!....

O Paris! Paris, si tu savais, et si tu voulais, que de bien tu pourrais faire, que de mal tu pourrais empêcher, que de souffrances tu pourrais calmer, que de larmes tu pourrais essuyer!.... Prends donc pitié de la France, sois miséricordieux et bon pour elle; elle a été bonne, trop bonne peut-être pour toi; oh! c'est assez de haines, assez de douleurs, assez de corruption, assez de sang...

Laisse-la se reposer un peu... Tu lui as jeté assez de préjugés, d'erreurs et de vices. Jette-lui maintenant, à pleines mains, de la paix, de bons exemples, des vertus, de la charité, et tu auras sauvé cette belle et noble France, tu auras sauvé le monde peut-être....

LA CHARITÉ

ET LA

MISÈRE A PARIS.

CHAPITRE Ier.

La Charité chez les riches. — Différentes bonnes œuvres et faits de charité.

L'œuvre des jeunes Convalescents. — La Société de Saint-Vincent-de-Paul. — Beaux exemples de Charité. — Œuvres de moralisation : la sainte Famille. — Fourneaux économiques. — Propagation des bons livres.

A Paris, la charité comme le bon ange prend l'homme à son berceau et le conduit jusqu'à la limite de l'éternité. Elle ne permet pas à une seule misère de le toucher, même du bout du doigt, sans qu'elle y porte aussitôt la main. Si vous rencontrez une grande détresse, soyez bien sûr qu'il y a une œuvre spéciale pour la soulager.

Au premier rang de toutes ces œuvres, vient naturellement la Société de Saint-Vincent-de-Paul que tout le monde connaît, et qui est bien aimée de Dieu et des hommes. La Société de Saint-Vincent de-Paul est une fille de Paris, elle y est née, il y a bientôt vingt ans, dans une humble chambre. C'est de là qu'elle est sortie pour aller porter au monde secours, consolation, charité.

Il était réservé à notre siècle de voir une chose inconnue jusqu'ici. Des hommes du monde, riches, savants, magistrats, médecins, militaires, artistes, hommes d'État, s'en vont visiter le pauvre chez lui, s'asseoir sur sa mauvaise chaise, respirer son air, causer avec lui de ce qui l'intéresse, l'instruire, l'encourager. A Paris cette armée est composée de deux mille quatre cents hommes, et cinq cent mille visites sont faites chaque année. Cinq cent mille fois le pauvre a été soulagé, cinq cent mille fois un cœur a aimé, a été consolé! Le bien que font ces hommes ne peut être raconté. Dieu seul le sait, la France est déjà couverte d'œuvres qui sont nées de la Société de Saint-Vincent-de-Paul, et qui ont toujours le double but de secourir le corps, pour faire du bien à l'âme ensuite.

Il en est une qui n'est pas assez connue, que nous avons oubliée nous-même. Nous voulons commencer par réparer cet oubli. C'est l'*Œuvre des petits convalescents*.

A Paris, quand le pauvre est malade, il va à l'hôpital; mais, la maladie terminée, il n'est pas en état de travailler; il lui faudrait au contraire un peu de bon air et de bonne nourriture. Oh! ces choses-là n'habitent guère la mansarde parisienne! Le bon air même coûte cher à Paris, c'est du luxe; aussi doit-il s'en passer, et cette privation lui est préjudiciable, surtout quand il est jeune. C'est pour cela qu'il est souvent pâle, faible et maladif toute sa vie.

Des membres de la Société de Saint-Vincent-de-Paul y ont pensé, et vite s'est établie l'*Œuvre des petits convalescents*. Elle va chercher les jeunes ouvriers et les petits enfants des pauvres au moment où ils vont sortir de l'hôpital, les emmène dans une maison bien propre où ils sont entourés de soins maternels jusqu'à ce qu'ils soient parfaitement rétablis. Cette œuvre est aujourd'hui sous la direction de M. l'abbé de La Bouillerie ; elle a été fondée par MM. Cochin, Georges de La Rochefoucauld, Joseph de La Bouillerie, le marquis de Juigné, etc. Elle a vingt lits, et chaque année elle fait du bien à plus de deux cents enfants... Déjà un certain nombre ont grandi et sont des ouvriers! Mais ils n'ont pas oublié la maison du patronage ; ils y reviennent chaque dimanche. Les plus sages ont fondé à leur tour une petite Conférence de Saint-Vincent-de-Paul ; ils ont leurs pauvres qu'ils visitent et qu'ils soulagent ! Voilà les merveilles de la charité...

Mais voici mieux encore, si c'était possible... Le bon air se trouve surtout à la campagne. M. G. de la Rochefoucauld a été de cet avis, et chaque mois il vient chercher dans les hôpitaux de Paris vingt-cinq petits convalescents, bien faibles, bien pâles, bien débiles, bien rachitiques ; il les emmène à sa belle terre de La Roche-Guyon, et les garde jusqu'à ce qu'ils aient retrouvé force et santé ; trois sœurs de charité leur donnent des soins. Un soldat, à la fois contre-maître et instituteur, leur donne des leçons; chaque jour on fait une promenade dans les bois, et un âne est chargé de porter les invalides, puis on vient se ranger avec un appétit de convalescent autour d'une table abondamment servie. L'âme n'est pas négligée; si quelqu'un des hôtes a oublié de faire sa première communion, l'oubli est réparé; et, quand on a retrouvé la santé du corps et de l'âme, on cède la place à d'autres, qui ne demandent pas mieux que de l'occuper. Ainsi, trois cents jeunes ouvriers sont secourus chaque année; et comme une pensée charitable trouve toujours de l'écho en France, chacun s'est intéressé à l'œuvre de M. G. de La Rochefoucauld; sa famille et ses amis ont voulu y contribuer; tout le monde a fait son devoir. La ville de Paris a apporté son offrande, M. le ministre des cultes a donné un secours, M. le ministre de l'intérieur a fait une large charité... Le chemin de fer de Rouen porte et rapporte gratuitement tout ce petit monde...

Quelqu'un exposait, il n'y a pas longtemps, à Sa Majesté l'Impératrice, cette œuvre et le désir de M. de La Rochefoucauld de l'agrandir. Elle en fut profondément touchée, et s'écria : — Je veux y contribuer. — Combien faut-il donner ? On répondit : — Mille francs, ce serait une très-convenable offrande ; deux mille francs, ce serait une offrande magnifique. — Oh ! non ! reprit-elle, ce serait trop peu, l'œuvre est si belle ! je donne quatre mille francs.

Il y a aussi dans nos grandes villes de France, à Toulouse, à Bordeaux, à Marseille, à Lille, à Lyon, etc., de petits convalescents ; et ils ont aussi besoin de bon air et de bonne nourriture. J'en suis sûr, il se trouvera quelque brave jeune homme des riches familles pour leur donner ces deux excellentes choses. Voilà une bonne manière de dépenser son argent, de faire bénir son nom, de réconcilier les classes pauvres avec les classes riches.

Aujourd'hui on veut améliorer toutes les races, la race chevaline, ovine, bovine, porcine, en un mot toutes les races en *ine*, et trop souvent l'espèce humaine s'améliore toute seule comme elle peut, ou ne s'améliore pas du tout. Que l'on améliore ces pauvres bêtes, je ne m'y oppose pas, bien au contraire ; mais si on s'occupait un peu plus de l'humanité, de ses douleurs et de ses faiblessés, ce serait une bien noble mission... Arracher l'homme à la dégradation et à la misère, voilà des combats auxquels tout le monde peut s'essayer ; voilà des triomphes que tout le monde peut remporter. Oui, protégeons les faibles, sauvons l'humanité. C'est ici le moment de répéter avec vérité le vieux cri français et chrétien : Dieu le veut ! Dieu le veut !

Nous avons dit que la Société de Saint-Vincent-de-Paul se compose de 2,400 membres ; ils sont divisés en quarante sections environ, qui se sont partagé la grande cité. Chaque section se réunit une fois par semaine. Pour se faire une idée de la charité à Paris, il faudrait assister à l'une de ces réunions ; nous allons y assister par le cœur.

D'abord tout le monde se met à genoux ; le président récite la prière. On se relève, et un membre fait une bonne lecture ; puis ces hommes, qui dans la journée ont étudié les questions de droit et de médecine, d'administration, d'art, de philosophie, de politique, de science, de commerce, d'industrie, entrent, avec une sollicitude toute maternelle, dans les plus petits détails de la misère des pauvres. C'est plaisir, c'est chose admirable de voir des savants, des artistes, des écrivains, des hommes d'État, de célèbres avocats, d'illustres professeurs, des fils et des pères de nobles familles, de galants jeunes hommes, pour me servir du jargon mondain, s'occuper sérieusement de bons de pain, de charbon, de vieux habits, de vieilles chaussures, de linge, de vieux meubles, du pauvre, de son petit enfant, de son vieux père. . . .

On a visité la mansarde, et nécessairement on y a rencontré beaucoup de besoins; on est tout rempli de son sujet, et chacun plaide avec zèle la cause de son client. Le président modère les débats de la charité, et le trésorier protège la caisse quand il y a quelque chose dedans.

D'abord tout le monde en chœur réclame des bons de pains, car, hélas! la faim habite toutes les poitrines; puis celui-ci réclame un bon de bois ou de charbon pour sa pauvre bonne femme qui grelotte; celui-là une paire de chaussures pour qu'un pauvre homme puisse se présenter et demander du travail; un autre réclame une robe pour que la pauvre mère puisse aller à la messe . . . L'un réclame un outil sans lequel un ouvrier ne peut travailler, l'autre réclame au moins une chaise pour la mansarde qu'il visite, afin que de temps en temps il en puisse profiter; puis c'est une dette qu'il faut acquitter, le terme qu'il faut payer, le boucher, le boulanger auxquels il faut donner un à-compte, un petit enfant qu'il faut envoyer à l'école et patronner, un vieillard qu'il faut placer à l'hospice ou chez les petites sœurs des pauvres, un mariage qu'il faut faire bénir, un ménage qu'il faut réconcilier. Mais voici bien autre chose : on a trouvé, et ce n'est pas rare, un seul lit pour toute une famille composée de six personnes ; le père, la mère, la fille, son mari, ses frères et ses sœurs couchent ensemble dans ce lit. Sur-le-champ deux matelas sont votés, et la morale est sauve, et la pudeur nationale aussi, car de telles choses ne devraient pas se passer en France... Après cela, on fait la quête ; elle est abondante ; cela doit être après un tel sermon de charité ; puis on prie ensemble, on se serre cordialement la main, on s'aime davantage, et on s'en retourne l'âme remplie des plus douces émotions.

Voilà ce qui se fait à Paris en plusieurs endroits, chaque jour, pendant que d'autres se livrent aux plaisirs ; voilà la vraie charité, voilà ce qui s'appelle aimer sincèrement son prochain et être vraiment homme.

Mais ce n'est pas tout : chaque membre, armé de son petit bagage de charité et de son cœur, s'empresse de retourner visiter la mansarde, car la visite des pauvres, comme le dit si bien un des membres de la Conférence de Saint-Vincent-de-Paul, que j'aime beaucoup à citer, « la visite des pauvres à domicile est la pierre de touche de la charité ; c'est par le commerce fréquent avec les frères que nous secourons, c'est au chevet du pauvre, c'est dans son galetas, dans sa mansarde, en respirant l'air vicié qu'il respire, en franchissant les six étages qu'il gravit si souvent à jeun ; c'est en devenant, pour ainsi dire, membres de sa famille, en prenant part à ses peines, en souffrant qu'il saisisse nos mains blanches dans ses mains rudes et noires, qu'il les arrose de ses larmes bénies ; c'est ainsi que nous apprenons l'esprit de famille et de confraternité qui existe dans notre Société ; hors de là les membres d'une association de bienfaisance seront des collègues, mais ils ne seront pas des CONFRÈRES. Pour faire un confrère de Saint-Vincent-de-Paul, il faut avoir vu la mansarde du pauvre, comme au moyen-âge, pour faire un chevalier, il fallait avoir vu la Terre-Sainte. »

Les conférences de Paris visitent 5,000 familles. Près de 280,000 cartes de pain, 80,000 cartes de viande, 35,000 cartes de bois et de légumes ont été distribuées. S'il y avait aussi des cartes de bons conseils, d'édifications, de consolations, de retours à Dieu, je vous dirais dans ma froide statistique combien nos confrères en ont distribué, le chiffre dépasserait certainement ceux que je viens d'énoncer; mais il échappe aux investigations d'un rapporteur, et le secrétaire chargé de l'inscrire là haut communique directement à Dieu.

Les résultats matériels sont des plus consolants. Non-seulement le pain quotidien est donné aux familles, mais beaucoup sortent de la misère.

Sur la paroisse Notre-Dame-des-Victoires, un pauvre homme, chef de famille, devait beaucoup d'argent à son propriétaire, qui avait le défaut de tenir à être payé; le pauvre homme trouve une place de concierge; mais pour l'occuper, il faut déménager, et pour déménager il faut payer ses loyers; c'était là le nœud gordien. La Conférence cherche à fléchir le propriétaire, vains efforts; à transiger, rien n'y fait. De guerre lasse, elle s'adresse au membre qui tranche toutes les difficultés, un seul mot suffit à celui-ci, et le lendemain notre homme est installé dans sa loge. Voulez-vous savoir, Messieurs, le secret de notre confrère pour vaincre les obstacles? C'est d'avoir, quand on le peut, une bourse dont l'ouverture soit élastique.

La Conférence de Saint-Eustache a eu aussi le bonheur de réconcilier plusieurs ménages avec la fortune qui semblait leur avoir voué une haine implacable. Entre trois exemples touchants, je ne vous en citerai qu'un. Tout le monde ne peut pas user de la recette dont je parlais tout à l'heure pour surmonter les plus grands obstacles, et deux de nos confrères, qui n'avaient pas cette recette, se trouvaient en face d'une difficulté analogue à la précédente : 470 fr. dûs à un propriétaire. Les meubles allaient être vendus; la femme, dans l'accès de son désespoir, avait la malheureuse pensée de se suicider avec ses deux enfants, quand la Providence lui envoie les membres de Saint-Vincent-de-Paul. Cette fois, un mot ne suffit pas, il en faut dix, il en faut cent; qu'importe? le propriétaire se contenta de 100 francs, ils furent payés; grâce à d'excellentes recommandations données par nos confrères, le chef de la famille, homme très-intelligent, obtint un emploi de 1,500 francs, et ces braves gens ne trouvent pas d'expressions assez éloquentes pour remercier nos confrères et bénir la Providence.

Si le bien est fait au corps, que dire de la charité faite aux âmes, malgré les difficultés? Car le peuple de Paris n'est pas riche de science religieuse, et il est fort peu en règle avec la morale; mais la charité et la patience, avec l'aide de Dieu, triomphent de tous les obstacles, et de la manière la plus consolante.

Un membre de la Conférence visitait une famille du faubourg Saint-Antoine. C'étaient d'assez braves gens, n'était que les deux fils n'avaient pas fait leur première communion et que les parents n'étaient pas mariés! Pendant longtemps il essaya de faire passer quelques bons conseils sous le couvert des secours. Mais on acceptait ses bons de pain, et on lui faisait généreuse remise de sa morale ; néanmoins il persévérait..... et il avait raison ! Car la semence qu'il avait jetée devait germer sous le beau ciel d'Italie. Le fils aîné devint soldat et fut incorporé dans l'armée de Rome. Bientôt son frère s'engagea et alla le rejoindre, et quelque temps après le président de la Conférence recevait cette lettre de Rome :

MONSIEUR LE PRÉSIDENT,

Nous vous écrivons pour nous rappeler à votre souvenir. Nous voulons ensuite vous annoncer une nouvelle et vous demander un service. La nouvelle, c'est que nous sommes sur le point de faire notre première communion, que nous n'avons pas encore faite ; la demande que nous avons à vous faire, c'est de vous prier de voir notre père et notre mère, qui ne sont pas mariés à l'église, et de les décider à ce grand acte. Notre désir serait de faire notre première communion le jour dans lequel se célébrera le mariage de nos parents ; le jour de notre première communion serait alors pour nous doublement beau et doublement heureux.

Vos bontés pour nous, monsieur le président, ont toujours été si grandes, que nous comptons que vous voudrez bien faire les démarches nécessaires pour obtenir ce résultat.

Quant à nous, nous vous remercions et nous prions Dieu qu'il vous rende tout le bien que vous faites.

EUG. ET EM.

Aussitôt la lettre est communiquée aux parents, ils en sont vivement touchés; on les instruit; le jour est fixé; le président écrit à Rome, et la terre d'Italie et la terre de France virent le même jour la première communion des enfants et la bénédiction du mariage des parents.

Parfois la position est difficile ; il faut recevoir à bout portant plus d'une objection et plus d'un blasphème, ou les moqueries originales et narquoises du public parisien. Les femmes ne sont pas toujours les plus commodes en ce genre, mais rien ne résiste à la charité. Un membre visitait une bonne, ou si vous aimez mieux, une méchante vieille femme; or, elle avait la parole brève et sans façon. Après avoir bien parlé à son corps, il essaya de s'adresser à l'âme, et de faire comprendre qu'il serait bon de se réconcilier avec Dieu.

— Moi, répondit-elle, me réconciler avec Dieu, est-ce que j'ai jamais été brouillée avec lui? Je vous comprends, vous voulez dire qu'il faut aller me confesser aux prêtres. Ah bien! oui, ils ont fait plus de mal que moi, ce serait plutôt à moi de les confesser... des gens qui sont cause de tous les malheurs de la France...

— Mais enfin il y en a de bons.

— Je n'en ai jamais connu.

— Et Mgr Affre?

— *Faut être juste... Faut dire la vérité, celui-là s'est assez bien conduit, il a eu un bon mouvement.*

A force de bons soins, elle s'est changée, et se confesse volontiers aux prêtres, sans plus aucune prétention de les confesser.

Entrons maintenant dans le monde quelque peu mondain, n'en ayons pas peur. Partout c'est la même charité ; il est impossible de tout dire; Dieu sait le bien qui s'y fait ; beaucoup de cœurs sont remplis de ce sentiment qu'exprimait, au commencement de l'hiver, M. le duc d'Albuféra.

On lui avait écrit de l'une de ses terres, pour lui dire que la misère était grande, et on semblait lui demander quelques centaines de francs; il envoya 10,000 francs et répondit : « Pourrais-je jouir à Paris des douceurs de la vie, quand je saurais qu'il y a des hommes qui souffrent ailleurs? »

Animé de ce même sentiment, M. le duc de Vicence a donné 15,000 francs, pour fournir du travail aux ouvriers de tout pays voisin de sa terre de Caulaincourt. De plus, il a doublé le nombre des hommes qu'il avait coutume d'occuper. Charité trois fois bonne! elle donne du pain, elle conserve l'habitude du travail, et elle empêche l'ouvrier des champs d'aller grossir le nombre des pauvres, et peut-être des méchants dans les villes.

Mais voici un autre genre de charité que l'on sait surtout cultiver à Paris, c'est la charité qui au bienfait ajoute les délicates attentions.

Un général, qui porte un nom grand entre

tous dans les annales de la gloire militaire, apprend qu'un débris de l'armée polonaise est tombé dans le plus complet dénûment; ses bijoux, son argenterie, ses meubles s'en étaient allés pièce à pièce au mont-de-piété, et aux rigueurs de l'exil étaient venues se joindre les rigueurs d'une misère cachée... Le général, sans en rien dire à personne, pas même à sa femme, pourvut aux besoins les plus pressants, et fit revenir dans la petite chambre du vieux militaire tout le mobilier plus vite qu'il ne s'en était allé; il entra lui-même jusque dans les plus petits détails, et quand il vint à examiner sa note, il se trouva riche d'une charité de cinq cents francs.

Dieu l'en a déjà récompensé d'une récompense bien chère au cœur paternel, il l'en a récompensé dans son petit enfant âgé de six ans, né au bruit des fusillades de février 1848.

Il n'y a pas longtemps, un prêtre racontait devant lui et devant sa mère des misères de pauvres; le petit bonhomme ne paraissait guère écouter, il jouait, il remuait sans cesse; et sa mère lui avait répété plus d'une fois : Finis donc, finis... Néanmoins il avait tout entendu. Il s'en va dans le cabinet de son père, grimpe sur ses genoux, lui passe ses deux mains autour du cou, l'embrasse comme embrasse un enfant qui a bien envie d'obtenir quelque chose, et puis lui dit tout bas à l'oreille : « Bon petit père, je voudrais ma bourse... je voudrais mes quarante francs. — Oh ! tu ne les auras pas ; qu'en veux-tu faire ? — Bon père, je les voudrais, je vous en prie. — Impossible. » Il s'en était retourné triste, il réfléchit, revient et dit à son père : « Eh bien, puisqu'il faut que je vous le dise, je voulais donner dix francs aux pauvres de M. l'abbé ***. » Le père le récompensa par une explosion d'affectueux baisers, alla raconter ce fait à sa mère, qui tripla la récompense, et les dix francs furent donnés aux pauvres, mais le contenu de la bourse ne diminua pas. Pauvre enfant, que sa charité lui porte bonheur et que Dieu le bénisse !

Du reste, il en devait être ainsi. Suivant la belle pensée de saint Augustin, un bon cœur est presque toujours un don de la mère. C'est elle qui donne à son enfant une âme bonne. Eh bien, la sienne connaît les indusfries et les plus tendres délicatesses de la charité. Souvent, quand elle a acheté un objet de toilette, elle met une somme ronde dans la bourse des pauvres, *en expiation de ses vanités*. Elle se prive elle-même, elle prive son petit enfant, elle fait des collections de boîtes de bonbons qui sont expédiées à l'adresse des enfants des pauvres, et même des petits chiffonniers. Touchante charité !... Ces pauvres petits ne sentent bien le malheur de n'être pas riches, que par la privation de ces friandises : aussi leurs parents en sont-ils profondément touchés. Une mère est toujours une mère ; elle sait si bon gré à ceux qui font du bien à ses enfants, et certes ce n'est pas son mari qui sera d'un avis contraire.

Les ouvriers et les pauvres, quand on les met sur cette voie, quand on ouvre un peu leur cœur, sont si sensibles aux bons procédés ; ils sont plus sensibles à la manière dont on donne qu'à la valeur de ce qui est donné ; aussi une pauvre femme montrait avec enthousiasme une de ces boîtes à son mari et lui disait : *Tiens, voilà ce que l'on envoie à tes enfants : C'est une grande dame, une com-*

tesse; avec cela qu'il paraît qu'elle est jeune et jolie. —Je le crois bien, quand on est si bonne... — Est-ce que tu diras encore du mal des riches? —Oh! non, répondit-il, je vois bien maintenant qu'il y en a de bons, je n'en dirai plus rien. Et il renforça sa promesse d'un bon juron.

On cherche bien loin des moyens de réconcilier les classes populaires avec les classes riches, en voilà un bien simple, bien innocent et bien efficace. Riches, donnez donc un peu de bonheur, il vous coûte si peu; donnez-en beaucoup; faites des heureux, c'est le plus sûr moyen d'être heureux vous-mêmes.

Puisque nous avons parlé de la charité des enfants, il nous reste encore quelque chose à dire.

L'année dernière, quelqu'un racontait chez la princesse de B*** la peine qu'il avait ressentie en voyant chassées de leur mansarde six pauvres familles; elles étaient là avec leur misérable mobilier. Il y avait des femmes, des petits enfants et des vieillards; tous pleuraient et ne savaient où aller. On finit par en entasser seize dans la même chambre. Ces faits furent rapportés à ses deux excellentes enfants. Le narrateur s'en était revenu à pied. En arrivant chez lui, il trouva ce simple et charmant billet :

« Nous sommes venues, ma sœur et moi, vous apporter chacune vingt francs pour les pauvres qui vous ont donné hier tant de chagrin. »

Et il était signé : HEDWIGE DE B***

Mlle Elise R*** avait appris qu'une femme couchait sur la paille, grelottait dans une petite chambre sans cheminée, et manquait de tout. Triste ironie ! cette pauvre femme était marchande de *plaisirs* ; mais, hélas ! ses plaisirs, comme ceux de beaucoup d'autres, ne lui rapportaient pas grand'chose. Elle se fait conduire dans cette mansarde, elle dit de bonnes paroles, et quelques jours après le mobilier avait augmenté ; le loyer était payé ; il y avait un excellent matelas dans le lit de la pauvre femme, mais il n'y en avait plus dans celui de la bonne jeune fille. Aussi sa protégée ne parle plus jamais d'elle que les larmes aux yeux ; elle ne croyait pas, dit-elle, *qu'il y eût sur la terre d'aussi braves gens.*

Que dire des tendres soins donnés aux malades par des femmes du monde ?

Un jour, la sœur supérieure de l'hôpital Necker, que la mort vient d'enlever aux malheureux, entendit derrière un rideau une voix douce et ravissante qui chantait. Elle s'arrête, elle écoute, s'approche et écarte le rideau : c'était la bonne comtesse de G. B. qui charmait les ennuis d'une pauvre femme infirme. La même a été accusée et convaincue d'avoir embrassé les malades, au risque de gagner leur mal, et pour cela condamnée à une sévère réprimande, qu'elle a subie avec résignation, mais elle n'a pas promis de se corriger...

Quand la charité fait du bien au corps, elle est déjà belle, mais c'est bien autre chose quand elle en fait à l'âme ; à Paris, elle va toujours au cœur.

Un officier supérieur avait eu l'inappréciable avantage d'associer sa destinée à celle d'une jeune femme aussi charitable que vertueuse. Plus d'une fois il avait exercé sa patience et mis sa vertu à l'épreuve, mais toujours elle était restée bonne et dévouée...

Cependant, une domestique avait remarqué que sa maîtresse l'envoyait presque toujours, sans trop de motifs, faire des commissions à l'une des extrémités de Paris lorsque son maître s'absentait ; elle crut devoir l'en avertir. Une triste pensée s'arrêta dans son esprit. — La première fois que le cas se présentera, vous viendrez me chercher, dit-il. Il se présenta bientôt. L'officier supérieur en est averti. Il arrive chez lui ému, bouleversé, l'âme remplie des plus sinistres pensées ; il frappe à la porte de la chambre de sa femme ; une voix troublée lui répond : Un instant. Pour lui il n'y avait pas d'instant. Il ouvre, et que voit-il ? Sa femme aux pieds d'une pauvre vieille couverte d'une plaie hideuse qu'elle pansait en vraie sœur de charité. Il tombe à ses genoux, lui demande pardon... Ce n'est pas tout, il sait où cette femme admirable a puisé tant de dévouement ; il s'en va trouver un de nos célèbres prédicateurs et lui dit : — Je n'y puis plus tenir : il faut que je change. Ce ne sont pas vos sermons qui m'ont converti, c'est ma femme, c'est sa charité.

Et, depuis, l'harmonie des cœurs et des croyances habite au foyer domestique.

Nous avons dit : Toute pensée charitable est toujours comprise en France.

Nous avons dit encore : La charité est grande à Paris. Nos abonnés ont voulu le prouver surabondamment ; nous ne savons trop comment les en remercier. Non-seulement ils sont venus en grand nombre, mais souvent ils ont ajouté au prix de l'abonnement en disant : Le surplus pour les pauvres ! et la plupart du temps l'accessoire dépassait largement le principal. Beaucoup ont envoyé 20 francs, un grand nombre 40 francs, d'autres 50 francs ; quelques-uns 80 francs ; deux ont envoyé 100 francs, un 120 francs, et un autre a fait bien mieux encore.

Il faut que nous leur disions qu'ils ont déjà fait du bien, que, suivant la belle expression de saint Paul, ils ont rafraîchi l'âme des pauvres. Oh ! nous ne voudrions pas les priver de la plus douce jouissance qui soit sur la terre, celle de penser qu'on a pu apaiser une faim, diminuer une souffrance, essuyer une larme, faire des heureux !

Un jeune homme, ex-élève de l'école Saint-Cyr, mis à la réforme à cause d'une infirmité, suite d'un accident, était dans le plus complet dénûment ; sans travail, avec un enfant et une jeune femme malade de la poitrine, il était menacé d'être chassé de son logement ! du pain lui a été donné, une partie de son loyer a été payé. Sa toilette a été un peu renouvelée, et maintenant il peut se présenter convenablement pour chercher du travail. Nous avons cru par là entrer surtout dans les vues d'un général aussi distingué par son caractère chevaleresque que par la haute position qu'il occupe, qui a bien voulu nous envoyer une large offrande.

Une jeune femme, qui valait beaucoup mieux que l'existence qu'elle menait, a été retirée du désordre ; elle a versé bien des larmes de reconnaissance, et maintenant, au lieu du pain de la honte ; elle va manger le pain du travail, qui est presque toujours le pain de l'honneur.

Un homme a six enfants presque tous en bas âge ; il habite une affreuse mansarde ; pas de pain, pas de linge, pas de lit et pas même d'ouvrage pour en gagner ; du reste, il est peu propre, pour plus d'une raison, au travail des mains ; mais en revanche, en véritable enfant de Paris, il est doué d'une grande facilité de parole, ce qui le rend assez propre au négoce ; on va lui acheter une petite char rette que l'on remplira de légumes, et qu'il promènera dans les rues de Paris. Le contenant et le contenu seront à lui. Le voilà devenu propriétaire, ce que ces pauvres gens ne détestent pas du tout, malgré tout le mal qu'ils ont pu dire de la propriété.

Et, ce qui est aussi touchant, c'est que ce bien a été fait par des hommes de tous les états et de tous les partis. Il y a d'illustres serviteurs de ce qui fut, et d'illustres serviteurs de ce qui est... Tous ont compris notre pensée qui est de signaler et d'encourager le bien partout où il se trouve. Oh! le bon terrain que celui de la charité! Au moins là on peut se voir, s'entendre, s'aimer. Au moins sur ce point le beau pays de France n'est plus une terre de division, mais une terre de paix et d'harmonie des cœurs; oh! la charité est bonne sans doute pour ceux qui la reçoivent; mais aussi elle est bien bonne pour ceux qui la donnent... On s'écrierait volontiers avec saint Pierre : *Nous sommes bien ici, faisons-y trois tentes*, une pour chacun des partis qui divisent la France; oui, que ce soit à qui répandra le plus de charité, à qui aimera davantage... car pour ces choses, Dieu et les hommes n'ont que des bénédictions à donner.

Mais revenons à notre sujet : la charité et la misère à Paris.

La pauvreté seule est déjà bien difficile à porter ; mais la pauvreté et la maladie, voilà qui est profondément triste.

Un homme vivait à peine de son travail ou des secours de la charité, il tombe malade ; alors dans cette maison tout manque : pain, linge, bois, médicaments, consolations et courage. La maladie est déjà bien pénible dans l'aisance, qu'est-ce avec la misère? Dans la santé, le pauvre se résigne encore ; mais dans la maladie, il se décourage et s'exaspère, et il faut avouer que parfois il y a de quoi. — Une femme voit son mari ou son enfant malade, il faudrait des ménagements, du linge, un peu de bonne nourriture, et on n'a pas le moyen de se les procurer ; elle-même tombe de fatigue et de douleur ! quelle détresse ! Aussi elle fait exhaler au pauvre ces plaintes : Si j'étais riche, si j'avais de l'argent, je ferais venir un médecin, je me procurerais des médicaments ; mais nous sommes pauvres, et pour cela il nous faut mourir... à cause de cela, pauvre enfant, il faut te voir mourir....

La charité parisienne s'est émue d'une si grande misère. Cela devait être, et il s'est formé soudain une armée de plus de six cents dames visiteuses des malades. Elle est dirigée par M. le supérieur des Lazaristes, et la présidente est Madame la vicomtesse Levavasseur. Rien n'arrête ces dames de charité, ni la crainte du mal, ni leur faible santé; elles vont partout chez les pauvres porter des secours, des consolations, et surtout les consolations de la religion. Qu'il nous soit permis de citer quelques traits de la vie d'une de ces bonnes visiteuses, ce sera donner une idée de ce qu'elles font toutes.

Mme Baudon, que la mort vient de ravir à la fleur de l'âge à son mari et aux pauvres, commença, quelque temps après son mariage, à faire partie de l'Œuvre des pauvres malades, et elle s'est acquittée de ce ministère avec un admirable dévouement jusqu'à sa mort. On sait qu'elle possédait une grande fortune.

La première année, elle faisait d'étonnantes charités, et la sœur chargée des pauvres ne pouvait comprendre pourquoi ils lui demandaient toujours de leur envoyer la petite dame. Elle lui dit un jour : Vous donnez donc beaucoup aux pauvres que vous visitez, puisqu'ils vous redemandent tous ? Car ils sont en général plus épris de la pièce qu'on leur donne que de la dame elle-même. Elle avoua à la sœur qu'elle leur remettait cinq francs à chacune de ses visites, et sur l'observation qu'on lui fit, qu'aucune dame ne pouvait faire de semblables aumônes, et que c'était paralyser leur ministère près des pauvres, elle répondit de suite : C'est vrai, j'ai eu tort ; je mettrai de côté, à chaque visite, l'argent que j'y aurais destiné, et je vous le remettrai à la fin de chaque mois, et vous l'emploierez en douceurs pour les malades ; et depuis lors jusqu'à sa dernière visite, elle ne remit jamais elle-même la plus légère aumône, si ce n'est les bons que la sœur lui remettait chaque semaine, ainsi que la part de douceurs, comme elle était remise aux autres dames. Mais attentive aux besoins de ses pauvres, elle ne voulait pas que la mortification de sa charité tournât à leur détriment. Chaque fois qu'elle leur voyait une nécessité soit un lit, un vêtement, d'un secours plus abondant, elle leur disait : J'en parlerai à la sœur et je verrai si elle peut faire quelque chose pour vous ; et la sœur le faisait toujours, car elle lui disait de donner et de mettre sur sa note.

Voici un autre trait de cette charité :

Une pauvre femme âgée était malade et isolée dans une mansarde. Le docteur avait ordonné un purgatif, mais elle n'avait personne pour lui rendre les services qu'exigeait sa position. Une dame, riche, noble, alliée aux familles les plus distinguées de France, l'apprend, et elle s'offre pour être la garde-malade de la bonne vieille ; elle arrive de grand matin, dépose son chapeau, son châle, et s'enveloppe d'un tablier, prépare tout, entoure de soins sa protégée, lui rend les services les plus pénibles, et puis range le petit ménage, et donne un air de propreté à la mansarde. Le docteur arrive, et il en est frappé ; ne sachant à qui il a affaire, il lui en fait compliment d'un ton quelque peu protecteur : *Très-bien, très-bien, ma petite !* lui dit-il ; et puis, s'adressant à la malade : C'est sans doute une de vos voisines ? Elle allait répondre, quand cette dame lui imposa silence par un signe, et répondit elle-même : Monsieur, je suis *son amie.* Quelque temps après la même dame eut occasion d'aller chez le médecin; elle était dans un autre accoutrement. Un domestique en livrée la suivait ; n'importe, il la reconnut, et lui dit un peu décontenancé : Comment ! c'est vous, Madame ; mais c'est bien vous qui soigniez cette pauvre femme ! Et pour toute pénitence elle lui imposa l'obligation de garder le silence. Il paraît qu'il s'en est fort mal acquitté.

Puisque nous parlons de la charité de tout le monde, pourquoi ne dirions-nous pas un mot de la charité du prêtre à Paris ? C'est ici plus que jamais qu'il faut dire que Dieu seul sait le bien qui se fait. Néanmoins, la Providence veut bien de temps en temps nous en révéler quelque chose.

Il y a dans Paris un curé qui, de patrimoine, possède une maison considérable au milieu d'un quartier mal aisé. Le curé est allé prendre ailleurs une très-humble habitation. Et de sa maison, qu'en a-t-il fait ? On l'a, du haut en bas, disposée, par son ordre, en petits logements qu'il loue *gratis* à de pauvres ménages d'ouvriers, à la charge pourtant, par les preneurs, qu'ils garniront les lieux de vertus modestes conformes à leur état. Il met au premier rang la propreté, en quoi sans doute il a grande raison.

De temps en temps, le bon curé va s'assurer par lui-même que chaque locataire remplit exactement les conditions du bail, que les petites chambres sont bien tenues, que les journées sont laborieuses, et qu'une vie exemplaire se partage entre un travail assidu, des devoirs pieux et des affections de bon mari. Alors que de joie pour le propriétaire! Il appelle cela *toucher ses revenus*, et rentre heureux et riche dans son petit réduit. Il fait plus: une blessure, une maladie, un accident arrive-t-il à quelques-uns de ses hôtes, il leur vient en aide, *à titre de réparations locatives.* Que voulez-vous? il aime qu'on se plaise chez lui, et, dans cette vue, il n'épargne pas les frais. Il vit de si peu!

La bonne charité est celle qui ne s'arrête pas au corps, mais qui va tout droit à l'âme pour améliorer. Moraliser les ouvriers et les pauvres sera toujours le meilleur moyen de les soulager. Nous le savons bien tous, mais beaucoup n'osent aborder franchement cette question, elle est si délicate; il y a dans l'esprit français une sincérité de logique qui lui fait dire ceci : Pas de moralité en bas, si la moralité n'est en haut; je parle de moraliser les autres, je ferais bien de commencer par me moraliser moi-même. Et on est faible, et on n'a pas assez de courage. Alors, pour l'acquit de sa conscience, on se jette dans les vagues généralités. On dit: Il faudrait organiser ceci, organiser cela; en attendant, les malheureux souffrent, et, en certains pays, il n'y a que la misère de bien organisée...

Pour faire de la bonne charité, il faut payer de sa personne, donner de ses forces, de ses joies, de son temps, de son cœur, plus encore que de son argent. Il faut rendre le pauvre meilleur, lui apprendre à s'aider pour que le ciel et les braves gens lui aident ensuite.

Cette charité est comprise et cultivée à Paris. Cela devait être. Beaucoup d'œuvres ont été créées dans ce but.

Il en est une que j'aime surtout, et qui semble être un des chefs-d'œuvre de la charité parisienne, qui en a enfanté beaucoup d'autres ; c'est l'*Œuvre de la sainte-famille.*

On sait que l'ignorance ou l'absence de moralité est souvent la cause de la misère.

Une fois chaque quinze jours on réunit, dans une église ou dans une chapelle, tous les pauvres d'une paroisse ou d'un quartier. Il y a le père, la mère, les vieux parents et les petits enfants. Il y a, comme au festin de l'Évangile, boiteux, aveugles, infirmes, mendiants; c'est une trop belle collection des misères humaines, tout cela a été appelé du joli nom de *sainte-famille.* On commence par assister à la messe; les hommes sont d'un côté, les femmes de l'autre. Au milieu d'elles, confondues dans leurs rangs, se trouvent des femmes du monde, que l'on ne distingue que par leur voile, et qui s'en retournent à pied, causant avec ces pauvres gens.

Après la messe, le prêtre, directeur de l'œuvre, fait une instruction appropriée aux besoins et à l'intelligence de son auditoire. C'est si facile ; il n'a que des hommes de la même classe, il peut tout leur dire, et puis il est touché, ému, il sent son cœur se fondre de charité; il a devant lui des pauvres, les meilleurs amis de Notre-Seigneur, et naturellement sa parole est toute remplie, tout avivée de charité. Pauvres gens ! comment ne pas les plaindre, comment ne pas les aimer?

De temps en temps, il épanouit les cœurs, il amène le sourire sur les lèvres. Qui peut y trouver à redire? Ce pauvre peuple a tant d'occasions de pleurer, que l'on doit être heureux de le voir se réjouir un peu sous l'impression de la parole religieuse et sous le regard du Père qui est dans les cieux.

Après le prêtre vient le directeur laïque; c'est un homme du monde quelquefois, occupant une position distinguée. Une *sainte-famille*, qui nous est bien chère, a pour directeur un *maître des requêtes au conseil d'État*. Le directeur de la *sainte-famille* de Saint-Sulpice est M. Leprévôt. C'est bonne justice, car c'est lui qui a doté la France de cette admirable institution. Aussi sa sainte-famille est restée la première de toutes les saintes-familles. Donc, après le prêtre, le directeur laïque prend la parole. C'est le père de famille qui s'adresse à ses enfants, aussi il parle vraiment en père; il donne quelques conseils paternels à ses nombreux enfants, il encourage, il gourmande parfois cordialement, il ne ménage pas les compliments, quand on les a mérités. Il exhorte à la paix, à la charité, à l'assistance mutuelle; on l'écoute, la docilité sur le visage et le sourire sur les lèvres, on pleure quelquefois, et toujours on prend la résolution de devenir meilleur encore; il faudrait avoir un cœur de bronze pour ne pas se sentir un peu attendri; après cela, il recommande aux prières les affligés, les malades, les petits enfants qui sont nés à la sainte famille de la terre, et les morts qui cheminent vers la sainte famille du ciel; s'il y a lieu, il ajoute même quelques paroles d'éloge funèbre.

On fait tout pour relever ces pauvres gens à leurs propres yeux, mais de la bonne façon. Il est admirable avec quel respect on les traite, afin de leur apprendre à se respecter eux-mêmes, et à ne rien faire qui puisse leur aliéner l'estime des honnêtes gens. Jamais rien qui puisse le moins du monde les humilier, leur rappeler qu'ils font partie de la classe inférieure de la société. Quand on leur parle collectivement, c'est : *Mes amis, mes chers... mes bien bons amis;* quand on leur parle individuellement, on n'oublie pas les titres qualificatifs. Ainsi, le chiffonnier s'appelle *Monsieur* à l'égal d'un comte, et la balayeuse s'appelle *Madame*, absolument comme une marquise. A Paris, cela est nécessaire ; ailleurs, il n'en serait peut-être pas de même.

Enfin vient l'orateur laïque... C'est quelquefois un savant professeur, un membre de l'Académie de Paris, un noble marquis, un magistrat, un député, un de nos célèbres orateurs. Ils ne dédaignent pas de venir causer avec nos bonnes gens, de se faire petits avec les petits. Oh! que c'est un beau spectacle de voir un homme, haut placé dans le monde, s'arracher au repos et aux joies du dimanche pour venir s'asseoir au milieu d'une réunion de pauvres ouvriers et d'hommes en haillons, mettre sa parole à la portée de ces intelligences, parler avec affection à ce pauvre peuple de tout ce qui l'intéresse : de lui-même, de sa femme, de ses enfants, de son travail, de sa misère, des moyens d'être moins malheureux. C'est là que le pauvre sent qu'il est aimé, qu'il est quelque chose. Aussi, comme il est heureux de les voir, et comme il est fier de les comprendre!

Tantôt cet orateur raconte un trait, une anecdote, un voyage, etc., dont il tire une conclusion morale sans nullement faire le prédicateur. D'autres fois, il fait un petit cours d'économie domestique; il apprend au pauvre même le moyen de trouver du travail..... car la misère l'absorbe tellement qu'il faut parfois tout lui apprendre.

Pour donner une idée de ces causeries affectueuses, familières et cordiales qui font toujours tant de bien aux pauvres et aux riches aussi, je vais citer deux passages d'un petit discours qu'adressait, à une *sainte-famille*, M. le maire du 10ᵉ arrondissement. Je vais bien me garder de le nommer. Je l'ai déjà fait une fois, et pour cela j'ai été sévèrement réprimandé. Je ne veux pas être récidif; et puis, c'est le temps des Pâques, il faut avoir au moins l'air de se corriger... plus tard, nous verrons...

Il parlait aux pauvres ouvriers de la manière d'agir et de se tenir dans certaines grandes circonstances de la vie, à un mariage, à un enterrement, quand il est question de donner un état à son enfant.

Sur ce dernier article : Règle générale, dit-il, l'enfant doit être quelque chose de plus que son père... N'être que ce qu'est son père, ne faire que l'état de son père, allons donc, c'est trop peu pour son mérite; il faut qu'il soit quelque chose de mieux. Ainsi, je suppose, son père est cordonnier... en vieux, peut-être... Eh bien! son fils sera tout au moins pâtissier; c'est bien plus distingué.....

Là-dessus le fils entre chez un pâtissier; il travaille; il grandit; mais comme il n'avait pas beaucoup de vocation, il finit par s'ennuyer... il aimerait mieux faire autre chose; il aimerait mieux une place. Aujourd'hui, en France, qui ne se sent appelé à occuper une place ?

Donc sa mère vient nous trouver et nous demande une place pour son fils dans les chemins de fer.

— Eh! Madame, que faisait votre fils ?

— Monsieur, il est pâtissier.

— Vous comprenez, Madame, que cette profession est peu propre à le disposer aux travaux du chemins de fer?...

— Mais, Monsieur, on dit qu'il y a des places chez vous où l'on ne travaille pas, on regarde simplement les autres travailler...

cela s'appelle, je crois... attendez donc... cela s'appelle inspecteur.

Alors, si on ne craignait pas de la contrister, on pourrait lui répondre : — Madame, votre fils faisait des brioches.... en entrant chez nous, il pourrait bien ne pas changer de métier....

— Quant aux enterrements....

— Le Parisien, dit-il, a un charmant talent, c'est de tout tourner en fête, même les enterrements.

Jusqu'au cimetière, il est convenable, il est religieux, édifiant ; il pleure même en conscience ; mais une fois le pauvre mort mis dans sa tombe, tout change, on s'en va à la barrière, on mange, on boit, on chante, on crie, on se grise, bien heureux encore si la journée ne finit pas par des horions.

Dernièrement, je rencontrai un de nos ouvriers ; il paraissait souffrant, et je lui demandai s'il n'était pas malade.

— Oh ! oui, répondit-il, je ferai bientôt manger une gibelotte aux camarades.

— Que voulez-vous dire par là ?

— Je veux dire que c'est la coutume, à présent, d'allerm anger un lapin à la barrière, après qu'on a été à l'enterrement d'un camarade.

Voilà de ces choses que le peuple comprend, qu'il aime. Après cela, il fit une persuasive et vigoureuse exhortation à ne pas céder à ces entraînements. Le cœur était ouvert, il ne s'agissait plus que d'y entrer et de l'enlever.

On ne sait le bien qui a déjà été fait; on ne sait les transformations qui se sont opérées. Aux premières réunions, c'était une masse informe de jeunes gens déguenillés, débraillés, à figures sinistres, à ignorance humiliante pour les amis de l'humanité. Aujourd'hui, il y a sur toutes les figueres un air de décence, de bonté, je dirai même un certain air de prospérité qui fait plaisir à voir. A la place d'êtres paresseux, dégradés, dangereux peut-être, voilà des ouvriers honnêtes, laborieux, utiles à la société. On se trompe bien quand on pense que la religion n'a plus de prise sur ce peuple. Écoutons un homme que nous avons déjà cité et que nous citerons encore :

« J'ignore si la lyre d'un poète a pu, comme le dit la fable, attendrir les rochers, et charmer les lions, mais j'ai vu l'éloquence d'un homme faire un prodige à peu près semblable; j'ai vu, sous ces voûtes mêmes où nous sommes réunis, des masses de peuple, de ce peuple des faubourgs de Paris, de ce peuple qu'on dit si insensible et si redoutable, fascinées par les charmes de la parole, suspendues, pour ainsi dire, aux lèvres d'un prêtre; ce prêtre, qu'ils n'appellent pas autrement que *le père*, dispose de leurs cœurs comme un général dispose d'une armée, et il consacre cette heureuse influence à détruire les préjugés, à réconcilier ceux qui souffrent avec la société, à faire bénir la religion, cette religion aussi nécessaire au pauvre peuple que l'est une eau pure à la plante qui se dessèche au soleil. »

Ce prêtre n'est autre que le R. P. Millériot, qui vous dira que la sainte-famille de Saint-Sulpice vaut aujourd'hui la meilleure paroisse ou la meilleure ville de France. Écoutez, hommes de la paroisse, de la ville la plus catholique de France, cette population autrefois si misérable et si redoutable, sous le rapport religieux et moral, vaut votre paroisse, votre ville.... On se plaint de la démoralisation des classes populaires. on cherche des moyens de moraliser les pauvres..... En voilà.... voilà des faits qui ont une éloquence qui en vaut bien un autre...

Pourquoi donc n'y a-t-il pas une sainte-famille dans chaque ville de France? Il y en a déjà dans beaucoup, mais pourquoi n'y en a-t-il pas encore dans toutes? pourquoi? Il est certaines questions qu'on n'ose pas trop presser de peur de trouver, à la place d'une bonne raison, une humaine faiblesse. Mais ici on peut dire que c'est parce que cette œuvre n'est pas encore bien connue.... Quand elle sera connue, elle se répandra : hélas! les pauvres ne manquent nulle part... le zèle du clergé non plus. Est-ce qu'il y aurait une ville assez malheureuse en France pour n'avoir pas dans ses murs deux ou trois hommes en état de causer familièrement avec de pauvres ouvriers? On ne peut plus prétexter ses occupations, quand on voit un homme ayant une grande fortune à administrer, d'immenses intérêts dans les chemins de fer, à la tête de l'un des plus vastes arrondissements de Paris, trouver un moment pour assister à ces humbles réunions, sans parler d'une œuvre d'ouvriers qu'il dirige... Ah! ce qui nous manque encore..., c'est de la volonté... c'est du cœur?... Oh! qui nous donnera des hommes de cœur?... Donnez-moi seulement un cœur par ville de France, je ne m'inquiète plus de rien, je me contente de lui dire: Va...

La charité parisienne est si persuadée que le meilleur moyen de soulager les pauvres est de les moraliser, qu'elle associe un peu de morale à toutes choses, mêmes aux fourneaux économiques. Savez-vous ce que c'est que les fourneaux économiques? Savez-vous même qu'il en existe? C'est chose excellente à savoir aujourd'hui, car, dans ce temps de grandes chutes, qui peut être sûr de n'en avoir pas besoin? Il y a des hommes qui ont été plus grands seigneurs que vous et moi, cher lecteur, et qui s'estiment fort heureux d'aller leur demander un modeste dîner.

Un fourneau économique, c'est un lieu où l'on peut faire un excellent repas pour dix centimes, à la condition, néanmoins, que les convives apporteront un grand appétit; oui, pour dix ou quinze centimes, jamais plus. Il en existe un grand nombre à Paris; outre les fourneaux de la *Société philanthropique*, composée d'hommes du monde, et qui a rendu de grands services à la classe populaire, la Société de Saint-Vincent-de-Paul en a établi cinq dans les différents quartiers de Paris, où les pauvres trouvent une nourriture substantielle et bonne, comme le disait si bien l'autre jour M. le rapporteur :

« La variété des mets est l'ingrédient indispensable d'un bon repas : nos fourneaux ont mis à profit cette maxime culinaire, et bien qu'ils n'aient pas la prétention de rivaliser avec Chevet, nous pouvons le dire, depuis le bouillon et la viande jusqu'aux divers légumes, le tout exhale un parfum fort appétissant, et nous ne répondons pas que vous résistiez à la tentation d'y goûter, si toutefois nous n'étions en carême. »

Mais ce qui est mieux encore, c'est le côté moral de l'institution.

D'abord le riche, au lieu de donner de l'argent, donne un bon du fourneau, et le pauvre n'a plus la tentation, trop souvent écoutée, d'aller au cabaret faire un mauvais usage de l'aumône qu'il a reçue.

Puis l'âme n'a pas été oubliée.

Presque toujours auprès du fourneau il y a une bibliothèque. Des membres de la Conférence, ou même des prêtres, épient l'occasion de donner aux convives de bons conseils, leur font une bonne lecture ou leur adressent quelques paroles d'encouragement.

Tantôt une lecture pieuse est faite à haute voix dans la salle où les pauvres gens prennent leur repas, et par l'attention avec laquelle elle est écoutée, comme dit le même rapporteur, ils démentent le vieux proverbe : *Ventre affamé n'a point d'oreilles.*

D'autres fois on tire une loterie de bons livres, on leur fait une exhortation, et il est rare que quelqu'un n'en profite. Il y aurait là de bonnes études de mœurs à faire et bien des cœurs à redresser.

Un jour quelqu'un réunit tous les conviés de la souffrance dans une vaste salle ; l'assistance était nombreuse ; on avait annoncé une grande distribution de livres et de haricots. Il est bien vrai de dire qu'il ne faut pas estimer les hommes d'après leur toilette, autrement la réunion eût été peu prisée ; leur costume était considérablement avarié, leur coiffure avait reçu plus d'un renfoncement, et à leur chaussure on remarquait de regrettables absences : c'était une collection complète des misères du corps, sans parler des misères de l'âme. Il adressa quelques mots de religion, et il fut attentivement écouté ; puis s'interrompant tout-à-coup : « Mes amis, leur dit-il, il y a assez longtemps que je parle seul, maintenant à votre tour, ou plutôt parlons en famille. Pourquoi donc ne travaillez-vous pas? pourquoi, par exemple, n'allez-vous pas demander de l'ouvrage aux démolitions de la rue de Rivoli ou au chemin de fer de ceinture... ? Alors un grand jeune homme, à toilette débraillée et à mine assez peu gracieuse, se leva avec assurance et répondit :

— *On y a été, Monsieur, mais il y a là les contre-maîtres, qui sont des faiseurs d'embarras numéro un ; ils vous regardent les mains et vous disent : « Tu es de Paris, toi, tu n'auras pas d'ouvrage ; les Parisiens, un tas de blagueurs, ça ne fait rien et ça empêche les autres de travailler. » En voilà, Monsieur, qui auraient bien besoin d'une de vos morales... Après cela, ça crie quand on vous leur z'y flanque seulement une petite révolution...*

Cette franchise plut à tout le monde, même à l'orateur, qui avait été assez mal traité. On s'expliqua, on s'entendit, et ce jeune ouvrier, qui jusqu'ici avait toute sa vie *cherché* du travail, craint Dieu, n'a plus peur de l'ouvrage, et ne songe plus à *flanquer* des révolutions à qui que ce soit, pas même aux contre-maîtres...

Mais pour faire du bien aux âmes, la charité de Paris a plus d'une corde à son arc et plus d'une industrie dans son cœur. Voici un autre de ses moyens, peut-être le plus efficace de tous, c'est la propagation des bons livres. Pour répandre des livres à propos, il faut deux choses : savoir les choisir et savoir les donner. Or, Paris est admirable en ce genre; ce que l'on donne de livres, nul ne le sait. Les membres de la Conférence de Saint-Vincent de Paul en portent à ses pauvres ou aux ouvriers ; le prêtre en donne au confessionnal ; la femme du monde en a une provision dans son salon ou dans ses poches : elle en donne à tout le monde, jusqu'aux petits enfants de ses fournisseurs, comme gracieux cadeau, afin que la Providence les fssse tomber dans les mains de leurs parents, qui ne laissent pas quelquefois que d'en avoir besoin.

Ce genre de charité est particulièrement cultivé au faubourg Saint-Germain, surtout au moment du départ pour la campagne. L'année dernière, une seule famille emportait 500 volumes. Et dans le choix, le cœur a sa bonne part ; nul n'est oublié : il y en a pour monsieur le curé, pour les enfants des Sœurs, pour les enfants des écoles et du catéchisme, pour les ouvriers et même pour le garde-champêtre : n'est-ce pas une des puissances de l'endroit ?

Voilà un moyen de répandre de bonnes doctrines et d'entretenir l'harmonie entre la chaumière et le château ; le paysan vous sait si bon gré d'avoir pensé à lui ! Votre retour sera un jour de fête ; le mari vous ôtera *entièrement* son chapeau, et la femme vous fera sa plus belle révérence. Ces livres seront précieux... ils viennent de Paris ! On les gardera... on les lira... Dans ces petits cadeaux, il y a les deux grandes choses de l'humanité : la gloire et l'affection ; et puis ces pauvres gens apprendront dans ces livres leurs devoirs, la justice, la résignation, la reconnaissance, etc.

On ne devrait plus quitter les villes sans sa petite provision; c'est la monnaie avec laquelle on doit payer le bon air qu'on va respirer. Il en coûterait si peu pour faire du bien et pour faire des heureux!

Du reste, ce genre de charité prend chaque jour un grand développement. Nous savons à Paris quelqu'un qui a sur la conscience plus de 6,000 exemplaires des ouvrages d'un seul auteur; et la justice nous oblige de dire qu'un habitant de la province en a donné environ 8,000. On l'a compris : pour beaucoup, c'est la dernière planche de salut. Le peuple ne vient plus à la religion, il faut que la religion aille à lui, et elle ne peut souvent l'atteindre que dans les pages d'un bon livre : et quoiqu'on dise : « Ils ne lisent pas ; » ou bien : « Ils ne veulent lire que de mauvais livres, » l'expérience est là pour prouver que beaucoup accueillent avec reconnaissance les bons livres, et en profitent.

Dans un village des environs de Paris, il y avait un pauvre ouvrier qui se mourait de la poitrine. Il était jeune; il avait une femme et des enfants qu'il aimait de tout son cœur.

Aussi vous pensez avec quels déchirements il devait envisager sa fin prochaine. Non loin du pauvre ouvrier, habitait un homme charitable qui lui faisait de fréquentes visites pour l'assister dans sa gêne, mais surtout pour le distraire et le consoler un peu au milieu de ses souffrances. Entre autres choses, il lui avait donné un petit livre que vous connaissez tous, les *Réponses de Mgr de Ségur.*

Lorsque le malade fut condamné, son voisin pensa que le moment était venu d'aller plus loin. Quelle fut sa joie d'apprendre qu'il s'était confessé et qu'il avait communié ! Le jour qui précéda sa mort, le pauvre malade reçut de nouveau la sainte communion, et d'une voix émue se mit parler de la bonté de Dieu. — *Le livre des* Réponses *vous a-t-il fait du bien?* lui dit alors son visiteur. — *Je ne vous cache pas*, répondit le mourant, *que c'est à ce livre que je dois mon retour à la religion.* — Mon ami, reprit cet homme charitable, vous m'avez souvent dit que vous regrettiez de ne pouvoir me témoigner votre reconnaissance pour l'amitié que je vous porte. Voici l'occasion de vous acquitter envers moi. Donnez-moi ce petit livre qui vous a fait tant de bien. C'est le plus beau cadeau que vous me puissiez faire; je le conserverai comme une relique, et chaque fois que je le toucherai, je me rappellerai qu'il a opéré le salut éternel d'un de mes frères. Il fut donné de grand cœur, et reçu de même. Le lendemain, ce brave homme mourait avec une sérénité qui semblait être un avant-goût du paradis.

CHAPITRE II.

Œuvres de charité en faveur des enfants du peuple.

Œuvre des Apprentis, de M. le comte de Melun. — Œuvre du patronage de Saint-Vincent-de-Paul; la Société des Amis de l'Enfance. — Œuvre de la Compassion.

Il est une chose deux fois sacrée; c'est l'enfance pauvre. En France, la charité l'a compris, elle s'est faite mère pour le petit enfant du pauvre, et on peut dire d'elle avec vérité : *Tibi derelictus est pauper, orphano tu eris adjutor.*

Mais si l'enfant du peuple a jamais eu besoin d'une protection toute maternelle, c'est au moment où il entre dans la vie de l'atelier... c'est l'âge difficile à passer, c'est le temps où se forme l'homme, où se fait le brave ouvrier ou le mauvais sujet... On l'a peut-être un peu oublié... et puis on s'est plaint, on a dit : Ils ne persévèrent pas... On s'est étonné que des ouvriers soient paresseux, imprévoyants, immoraux, et quelque peu faiseurs de barricades...

Paris, qui sait si bien mettre l'intelligence dans la charité, l'a compris et pratiqué ; il s'est formé des Œuvres de patronage dont le but est de protéger le jeune homme qui va entrer dans cette atmosphère impure qu'on appelle un atelier ; entre autres *l'Œuvre des apprentis*, fondée par M. le comte de Melun...

Cette œuvre a un conseil supérieur dont les membres sont : le fondateur, M. le comte de Lambel, M. A. Thayer, MM. Drappier et Portalès. A chaque enfant, on donne un patron qui est pour lui un autre père... il l'aime.

il lui trouve un atelier, il fait les conditions de l'apprentissage, il le visite, il s'informe si le patron est content, il ne lui ménage ni les encouragements ni les bons conseils, et il veille à ce que les conditions du contrat soient fidèlement gardées ; car ce n'est pas toujours la faute de l'ouvrier s'il est paresseux, s'il n'aime par son état ; pour aimer une profession, il faut la bien savoir exercer... et trop souvent, hélas ! le pauvre petit souffre-douleurs, qu'on appelle apprenti, est exploité ; on lui apprend tout autre chose que son état. La patronne même se charge quelquefois d'occuper ses moments, elle lui fait faire ses commissions, balayer la maison, bercer les enfants, laver la vaisselle... Après cela, les parents se plaignent, le patron dit qu'il ne sait rien, lui s'aigrit, et finit par prendre en haine le travail et la société. L'œuvre du patronage remédie à ces misères ; elle fait mieux encore ; chaque soir, elle réunit ses protégés dans une classe. Le dimanche ils assistent à une messe où on leur adresse une instruction appropriée à leurs besoins et à leur intelligence, enfin chaque année il y a une retraite.

Environ un millier d'enfants reçoivent de

cette œuvre le bienfait du patronage... et les résultats ont été admirables. Cette année même presque tous ces jeunes gens ont communié, et l'apprenti de Paris fait les choses en conscience; quand il va se confesser, on dirait un soldat français qui va monter à l'assaut; à la sainte table, c'est la modestie d'une religieuse. Un Frère des écoles chrétiennes, vieilli au milieu des enfants, en voyant le recueillement de ces jeunes ouvriers s'est mis à pleurer. Voilà ce qui s'est fait ces jours derniers au milieu des séductions de Paris, voilà ce que sait faire la charité; pour arriver là, il ne faut pas de très-grands sacrifices, environ 20 francs par apprenti chaque année, avec une dose raisonnable de bonne volonté, voilà tout.

Ce qui avait été fait pour les apprentis a été fait aussi pour les ouvrières, et les résultats ont été non moins heureux. L'œuvre est présidée par Mme la comtesse de Melun; — cela devait être, — et elle a pour vice-présidente Mme la vicomtesse de la Bouillerie. Mme la comtesse d'Armaillé est secrétaire, et Mme la comtesse de Kersaint trésorière. Les présidentes des comités sont Mmes la duchesse d'Uzès, la comtesse de Forbin, la comtesse de Lambel, Housset, Payen, etc. L'œuvre est beaucoup moins coûteuse ; la dépense ne s'élève pas à plus de six ou sept francs pour chaque apprentie.

« L'organisation est plus simple : une réunion du dimanche chez les sœurs, une visite de la dame patronesse chez la maîtresse, un livre qui témoigne de l'exactitude et de la bonne conduite de l'apprentie, puis une séance mensuelle où les dames, sous la présidence du curé de la paroisse, se partagent les enfants, examinent leurs notes et décident des récompenses, voilà, dit le rapporteur, M. de Melun, toute l'œuvre qui se peut établir, sans grands efforts et sans grands frais, partout où il y a un pasteur dévoué, des Sœurs qui aiment les enfants qu'elles ont élevées, des dames charitables qui ont, par mois, une heure ou deux à donner au bien. A cela il faut ajouter la grande solennité attendue avec tant d'impatience par toute la famille adoptée : une distribution de récompenses se fait, tous les six mois, dans la maison des Sœurs ; le curé y préside, les dames patronesses en font les honneurs.

Quelques vêtements aux plus laborieuses, quelques livres aux plus studieuses, des images à toutes, un prix d'honneur, ordinairement le portrait ou la statue de la sainte Vierge ou de Notre-Seigneur, donnée à la plus sage par le suffrage de ses compagnes, composent toute la fête, qui, dans son humilité, a pourtant ses émotions et ses joies.

« Ces pauvres enfants, dit le même rapporteur, appellent le patronage avec instance, cherchent à le mériter à force d'exactitude, pleurent quand elles ne l'ont pas obtenu; l'attrait qui les pousse n'est pas la modique récompense qu'elles attendent, mais l'instinct du bien qui leur est fait, le cri de leur conscience qui sent que vous serez leur sauvegarde et leur appui, le gémissement de la pauvre âme qui se sent faible et ne veut pas que vous l'abandonniez.

« L'affection d'une patronesse est un précieux trésor pour la jeune fille; elle est fière, elle est heureuse de voir venir une dame protectrice, qui a pris pour elle les sentiments d'une mère, s'intéresse à ses travaux, s'inquiète de son bien-être, à qui ses succès feront plaisir, à qui ses fautes feraient de la peine, et qui lui tiendra compte de tous ses efforts pour se bien conduire. Car il y a quelque chose de plus dur que les privations, de plus douloureux que les souffrances : le sentiment de l'abandon, la conviction que nul ne prend soin de vous paralysent l'effort et désenchantent; le sacrifice est difficile, et le travail est rude, quand on sait que personne ne vous criera courage et merci. »

Mais la charité engendre la charité, et voici un de ses chefs-d'œuvre.

Sous la direction de M. l'abbé de la Bouillerie, et sous la présidence de Mme la comtesse de Forbin, il s'est formé au faubourg Saint-Marceau une association charitable de jeunes filles, autrefois patronnées et aujourd'hui devenues ouvrières. Voyez la charité, où ne sait-elle pas fixer son séjour? Cette Œuvre a pris le nom d'*Association de Notre-Dame du Bon-Conseil*. Il y a peu de pratiques de piété, mais en revanche, ces jeunes ouvrières s'engagent à se visiter, à se soigner dans leurs maladies et, dans le besoin, à s'assister de leur travail. Ce n'est pas tout : quoique pauvres elles-mêmes, elles ont leurs pauvres.

Ce sont de vieilles femmes, de jeunes apprenties ou de petits enfants... C'est une véritable Société de Saint-Vincent de Paul. On se réunit tous les quinze jours. Le procès-verbal de la précédente séance est lu par la secrétaire, jeune lingère qui déjà occupe deux apprenties. La trésorière, blanchisseuse en fin et orpheline, qui sert de mère à ses deux jeunes sœurs, fait connaître l'état de la caisse..., pauvre caisse, ayez pitié d'elle! Puis, chaque jeune ouvrière rend compte de ses visites, expose les misères de ses protégées, plaide la cause de ses pauvres malades et obtient les cartes et bons de pain, de viande et de bois qu'elle doit leur porter. C'est un bonheur pour elles d'assister à cette réunion, et l'une d'entre elles, mariée depuis peu, quitte volontiers son chapeau et sa robe de soie de jeune mariée, et reprend la robe simple et le petit bonnet de l'humble ouvrière, afin de s'y trouver sans blesser la pauvreté de ses compagnes.

Les visites aux pauvres se font le dimanche; mais, lorsque les besoins l'exigent, on trouve bien le moyen de dérober quelques instants le soir ou le matin à son travail pour les donner à la charité.

Cet hiver, deux d'entre elles portaient un bon de bois à une pauvre vieille femme ; elles la trouvent perclue de tous ses membres ; au lieu de laisser le bon de bois, elles vont elles-mêmes chercher le cotret au chantier, allument le feu, et l'entourent de prévenances toutes filiales.

Une jeune couturière a visité pendant quinze jours, plus de trois fois chaque jour, une autre vieille isolée et malade; elle lavait son linge et faisait son ménage.

Une femme était couverte d'infirmités dégoûtantes, elle exhalait une odeur fétide ; elle avait pu à peine trouver un asile dans une écurie abandonnée, sur une botte de paille. C'était tout son mobilier. La secrétaire et la trésorière de l'œuvre, au lieu de consacrer quelques heures du dimanche à la promenade, vont changer de linge la pauvre bonne femme, renouveler l'infecte litière qui compose son lit, la visitent souvent et ne la quittent qu'au moment où elle entre à la Salpétrière.

Les délicates attentions de la charité ne

sont pas oubliées, on ménage des surprises ; c'est un petit morceau de sucre, une pomme, une orange... sans parler des bonnes paroles et des consolations qu'elles versent dans les âmes.

O tendre charité ! je savais bien que tu étais bonne, mais ici je t'aime davantage. Je le vois plus que jamais, en fait de bonheur, tu ne veux pas de déshérités ; car le bonheur, c'est une souffrance diminuée, c'est un doux frémissement du cœur, c'est une parole, un regard, un merci, une larme, et là se trouvent toutes ces bonnes et saintes choses.

O chère petite association ! puisses-tu avoir à Paris et en France beaucoup de petites sœurs qui te ressemblent et même qui te surpassent ! Voilà le vrai moyen de faire du bien à la jeune fille ; nous lui disons : Plus de vanité, plus de rêves, plus de romans, plus de bals. C'est facile à dire, mais il faut quelque chose à mettre à la place, il faut un aliment à son âme, un débouché à ses élans, des émotions à son cœur, et tout cela se trouve dans la charité.

Mais je reviens à mon but : protégeons

l'enfant du peuple; pitié surtout pour ces jeunes chrétiens qui vont affronter les luttes de la vie, ne leur laissons pas prendre le collier du vice, c'est bien assez du collier du travail ou de la misère!

A côté de l'*Œuvre des apprentis*, se place l'*Œuvre du patronage* de la société de Saint-Vincent de Paul, toutes deux animées du même esprit et toutes les deux faisant le même bien à l'enfant du pauvre peuple.

Ici le patronage commence dès avant la première comunion. Un membre de la Société de Saint-Vincent de Paul, souvent riche, parfois haut placé, adopte en quelque sorte un petit enfant du peuple; il le visite, il veille à ce qu'il aille à l'école, il garnit le panier de vivres, il s'assure de son travail; s'il y a des bons points et de bonnes notes, il les récompense par une blouse, un pantalon, une casquette. Quelquefois même il l'invite à manger à sa table, récompense très-ambitionnée; elle parle à la fois à son cœur et à un autre petit coin de son être, où siége un des sept péchés capitaux; qu'importe? il faut bien, de temps en temps, prendre la pauvre humanité par où elle présente une prise...

A tous ces soins, le bon visiteur ajoute force bonnes paroles et persuasives exhortations, et l'enfant, fier et heureux d'être protégé par un *m'ssieu*, s'efforce d'en profiter, et le fruit de tout cela, c'est souvent une bien grande chose, une bonne première communion... et à la place d'un enfant vagabond qui court par les rues et les places, qui joue, qui boit, qui mendie et qui vole, se trouve un enfant sage et discipliné, un de ces bons petits enfants auxquels nous devons tous ressembler pour aller au ciel... sans parler du bien qui est fait à ses parents... car l'ouvrier français, sous une écorce raboteuse, a un cœur, parfois un cœur franc et sensible ; et quoiqu'il corrige brutalement son enfant, il l'aime, et il est profondément touché de l'intérêt que vous lui portez. Faire du bien à un enfant ! puissance mystérieuse à laquelle ne sait guère résister un cœur de père, encore moins un cœur de mère. Que de fois un enfant est devenu l'ange de la réconciliation entre le r che et le pauvre !

Comme on l'a si bien dit : autant nous aimons l'enfant du pauvre, autant il nous aime ; car ce petit être est tout ce qu'il possède au monde. Entrée mystérieuse que celle du cœur, elle est fermée aux plus habiles, et c'est presque toujours un enfant qui nous l'ouvre (1)...

Dans ces derniers temps, on a beaucoup écrit, beaucoup disserté sur les moyens d'apaiser les mauvaises passions, de réconcilier les classes de la société ; on a dit : Il faudrait démontrer au peuple ceci, il faudrait lui démontrer cela, il faudrait lui faire comprendre cette chose, et puis encore cette autre chose ; on a oublié qu'il est certaines situations où le peuple ne comprend pas, par exemple, quand il hait, souffre ou se défie... Pour le ramener au bon sens, à la justice et à la vérité, mon Dieu ! la chose est bien plus simple et bien moins difficile.

Prenez votre cœur et des marrons, des pommes dans vos poches, des bonbons et des images, et puis allez dans ces rues populeuses où vous savez qu'il y a beaucoup d'âmes aigries ; distribuez tout cela aux petits enfants, les placements seront faciles, les amateurs viendront en grand nombre.... La se-

(1) Rapport 1851.

conde fois, la chose ira mieux encore; il y aura foule... Vous remarquez un enfant, vous lui adressez une question, naturellement il y répond, et vous le trouvez gentil, vous lui faites compliment; derrière est son père ou sa mère, qui du premier coup vous trouve beaucoup de qualités et ne manque pas de s'écrier : *Ah ! c'est le mien, celui-là* ; nouveau compliment à son adresse, auquel on répond par un gracieux salut ou une belle révérence; vous ajoutez : Où demeurez-vous? j'irai vous voir.. On ne demande pas mieux, vous y allez; on fait connaissance, on cause, on s'explique, vous leur laissez la liberté de la parole, de la plainte, du murmure, je dirai presque du blasphème. Plus tard, vous y reviendrez, il faut bien avoir pour eux quelque indulgence, ils ont été bourrés de tant d'ignorance et de préjugés.... Laissez tout passer, ce sont les ennemis qui s'en vont, c'est autant de moins que vous aurez à combattre.... Après cela, vous avez le droit de tout dire, car ils prononceront sur vous ces paroles sacramentelles qui absolvent, aux yeux du peuple, de tous les péchés, du péché d'être riche, d'être grand, même d'être prêtre et de beaucoup d'autres encore : *Il n'est pas fier avec le pauvre monde..... il aime les malheureux et il n'a pas peur....*

Autrement, si vous ne le voyez que de loin et de haut, vous avez beau avoir raison, vous avez beau lui porter de magnifiques traités, ou lui faire d'éloquents discours, il s'en va en disant: *Bah! tout cela, c'est de la frime...* heureux encore s'il ne dit : *En voilà un qui en débite pas mal de blagues....* et votre peine sera perdue....

Mais je reviens à mon cher petit apprenti. Sa première communion est faite.... pour son protecteur, la tâche n'est pas finie, au contraire elle va commencer. Ainsi l'a pensé la société de Saint-Vincent-de-Paul ; c'est alors qu'elle redouble de zèle et d'affection, elle le protége surtout dans l'atelier; puis, le dimanche, elle rassemble ces pauvres enfants dans un commun asile.... Là, ils commencent par faire la grande toilette du dimanche, ils vont entendre la Messe, et puis vient le dîner auquel on fait honneur. La journée se partage ensuite entre des classes, des instructions, des récréations ou des promenades; le médecin fait sa visite, les contrats d'apprentissage sont rédigés, les vêtements déchirés sont rétablis, la caisse d'épargne reçoit ses dépôts, la bibliothèque distribue ses livres : des confrères de Saint-Vincent-de-Paul président à tout ; l'activité et la joie règnent sur tous les fronts. Le soir, on fait la lecture des livrets, c'est-à-dire des notes données par les patrons sur le travail et la conduite de la semaine ; on distribue les cachets, sorte de papier-monnaie en échange duquel on adjuge mille petits objets utiles, au plus offrant et dernier enchérisseur (1).

Du reste, l'Œuvre du patronage a été adoptée dans toutes les écoles de Frères ; chaque dimanche, malgré les fatigues de la semaine, ces bons Frères, toujours si dévoués, réunissent dans leurs écoles leurs anciens élèves actuellement en apprentissage... et les Œuvres ont eu les résultats les plus heureux.

A Grenelle, banlieue de Paris, on voyait à peine un jeune homme communier à Pâques, aujourd'hui on en voit plus de 80 à la sainte table.

(1) Rapport 1851.

Et puis, quel bien pour la vie de famille!...

C'était la fin de décembre, deux apprentis se mettent à monter le poêle de leur bonne mère, pauvre marchande en plein vent de petits joujoux à un sou. C'est déjà quelque chose de fait. Mais de bois, pas un cotret; de charbon, pas un kilo.

Bien souvent, pendant le courant de janvier, on était rentré au logis en grelottant. Mais le 2 février, jour de la fête de la Purification, la mère et les fils étaient rentrés, lorsqu'on frappe à la porte. On ouvre: c'est un charbonnier qui entre, portant sur ses épaules un sac rempli de bois, qu'il dépose sur le carreau.

« Mais, Monsieur, dit la mère, vous vous trompez sans doute; nous n'avons rien demandé. »

L'auvergnat n'a pas l'air d'entendre le français et continue, avec un sang-froid imperturbable, à vider son sac au beau milieu de la chambre.

La mère se tourne alors vers ses enfants et leur dit:

« Vous n'ignorez pas que je n'ai que quelques sous, et qu'il m'est tout à fait impossible de payer cet homme.

— « Que veux-tu, mère, répond l'aîné, il ne comprend pas, est-ce notre faute? »

Enfin, quand le sac fut vidé, la pauvre femme, appelant à elle tout son courage, dit résolûment au marchand de combustible :

— « Combien vous doit-on?

— « *Chest paya*, » répond-il en se retirant et en fermant la porte.

Voici l'explication de l'énigme :

Les deux apprentis, qui reçoivent chacun deux sous par jour pour leur déjeûner, avaient, pendant un mois, économisé un sou, et remis leur trente sous pour former un capital de trois francs, avec lequel ils avaient acheté un cent de bois pour réchauffer les membres engourdis de leur mère!

Ce n'est pas encore tout, ces jeunes protégés de la charité ne sont pas des ingrats, ils rendent à leur mère une partie du bien qu'elle leur a fait. Eux, ouvriers et pauvres, ils ont aussi leurs œuvres de charité; ils ont formé de petites Conférences de Saint-Vincent-de-Paul. Ils ont leurs pauvres qu'ils visitent et qu'ils soulagent ; ce sont des vieillards et des petits enfants, ils savent même jusqu'aux délicatesses de la charité. J'en emprunte un trait aux *Annales du patronage.*

Une mère et sa fille habitaient une espèce de cave infecte où elles se mouraient de froid et de faim. Nos enfants les visitaient depuis longtemps, leur étaient très-attachés, les consolaient, mais ils s'affligeaient de ne pouvoir les secourir efficacement. Ces deux femmes obtinrent enfin leur admission dans la maison de Nazareth. Nos enfants résolurent d'achever l'œuvre et de mettre le comble au bonheur de ces pauvres femmes, en improvisant pour elles et à leur insu un petit mobilier, non point tout neuf, mais magnifique auprès de celui qu'elles possédaient. Ils quêtèrent de tous côtés ; ils obtinrent un lit en fer de M. le curé de Saint-Sulpice, et une paillasse des Sœurs ; la Conférence de Saint-Sulpice donna un matelas, une vieille commode et de vieux rideaux que nos enfants raccommodèrent. La petite conférence des apprentis donna une jolie cheminée à la prussienne, qui fut placée dans la petite chambre claire et bien aérée, qui était destinée à nos vieilles femmes.

Nos enfants placèrent en outre sur la commode une statue de la sainte Vierge. On prépara également une nouvelle toilette. Tout cela fut fait en secret, et en l'absence des pauvres femmes, afin de leur ménager une surprise. Lorsque ce petit paradis terrestre laborieusement établi fut prêt, quatre ou cinq de nos jeunes confrères s'attelèrent à une petite charrette, et s'en allèrent joyeusement chercher leurs pauvres amies et opérer leur déménagement. Mais la mère était si faible, si exténuée, qu'il fallut la transporter en fiacre. En arrivant elle se mit au lit, et un mois après elle mourut, malgré les soins et le dévouement de sa fille et de nos apprentis. Ceux-ci continuent à visiter et à secourir celle qui survit, et ils achevèrent leur œuvre touchante en lui fournissant les moyens de porter le deuil de sa mère.

Voilà ce qui, mieux que tous les discours, apprend l'économie, la prévoyance et la moralité, voilà ce qui fait le brave ouvrier, l'honnête homme et le chrétien ; voilà ce qui réconcilie les classes de la société. Allez donc bien vite chercher un petit apprenti à patronner et à guider ; entre vous et lui s'établiront les bons rapports de protecteur à protégé, vous l'aimerez et il vous aimera : *ce sera le vôtre*, il grandira sous le souffle de votre affection, il trouvera sa punition dans un de vos regards et sa récompense dans un de vos sourires ; vous serez heureux de ses succès, et lui sera heureux de votre bonheur. Ah ! pourquoi aller chercher le bien et le bonheur si loin, quand ils sont sous notre main ; nous crions fort et ferme contre les ouvriers qui cherchent toujours du travail et ne savent jamais en trouver, ne leur ressemblons-nous point un peu ? Nous disons souvent : Pour moraliser le peuple, que faire, mon Dieu, que faire ? Et quand on nous répond : Voilà... nous ne voulons plus rien faire, cela nous gênerait... Au moins l'Œuvre doit-elle exister dans toutes les villes de France, elle existe déjà dans beaucoup, et si, dans un an, il s'en trouve une seule qui n'ait pas *son Œuvre d'apprentis*, il faudra écrire sur la porte de cette ville : *Ici on ne sait pas*, ou bien : *Ici on ne veut pas faire la charité.*

Parmi toutes les Œuvres qui s'inclinent vers les petits délaissés pour leur tendre la main, en faire des ouvriers et des hommes, il en est une dont j'aime beaucoup le nom et plus encore le bien qu'elle fait : c'est la *Société des Amis de l'enfance.*

Cette association est composée d'hommes du monde, elle adopte le petit enfant dès l'âge de huit ans, l'entoure de ses soins et subvient à tous ses besoins, sans oublier de lui apprendre un état. D'abord le jeune protégé est placé dans la maison de Saint-Nicolas, fondée et dirigée par M. l'abbé de Bervenger, un autre ami des enfants, qui le met au nombre de sa grande famille, composée de plus de neuf cents membres : là, il s'instruit, il fait sa première communion, il commence son apprentissage, ensuite il est placé, par les soins de la Société des Amis de l'enfance, dans un atelier où on le visite de temps en temps. Le dimanche, ils se réunissent tous dans la maison de famille, changent de linge, assistent à la messe, toujours sous la surveillance de leurs protecteurs ; après la messe, ceux-ci examinent les livrets, administrent des encouragements aux uns, des réprimandes aux autres, les aiment tous : les plus heureux dînent à la table d'honneur ; et puis viennent les vêpres, l'instruction religieuse. Tout cela fini, si le temps est beau, on fait une promenade, toujours sous la conduite de quelques membres de la Société des amis de l'enfance, qui ne craignent pas de sacrifier de temps en temps leur journée du dimanche aux enfants des pauvres : aussi les fruits ont été abondants. Ces enfants ont aussi leurs bonnes œuvres, ils font entre eux des quêtes, des loteries, pour secourir les pauvres, et nous citerons plus tard un trait remarquable de l'un d'entre eux qui a été couronné par l'Académie française.

Il y a aussi des enfants qui sont patronnés à domicile, auxquels on donne un secours mensuel de 5, 6 ou 10 fr., ce qui permet de secourir un plus grand nombre d'enfants, surtout d'exercer sur les familles mêmes une influence morale dont elles manquent rarement de recueillir les fruits.

Depuis qu'elle existe, la *Société des Amis de l'enfance* a patronné ainsi des milliers d'enfants, et elle a dépensé quatre cent mille francs.

Et ce qu'il y a de vraiment touchant, c'est que sur la liste de ces amis de l'enfance se trouvent les noms les plus distingués par la position sociale, la naissance et le talent. Il est bon, pour le bien de tous, que ces noms soient connus.

A ce propos, quelques personnes demandent si ce n'est pas faire perdre à la charité son vrai caractère que de citer des noms propres. Je réponds : En général, la charité fait bien de presque toujours se cacher, mais souvent d'autres font bien aussi de la dévoiler. C'est ainsi que l'on crée l'entraînement de l'exemple, si puissant en France... Il ne suffit pas de dire : La charité est grande... on fait beaucoup la charité. Cet *on* est bien vague, peu persuasif et guère édifiant. Il faut que l'on sache de temps en temps qui fait la charité, afin que l'on ait la bonne pensée de l'imiter... Mais ne sera-ce pas faire de la charité une chose de mode ? Oh ! tant mieux, tant mieux... Laissez faire, laissez passer... Oh ! que ce soit de mode de donner du pain à tant de gens qui meurent de faim ; que ce soit de mode d'apaiser les douleurs, les déchirements et les cris du désespoir.., de soulager des misères telles que Mme la comtesse de B*** en vient de rencontrer une... une jeune femme enceinte, ayant déjà trois enfants, avec un mari qui gagne trente sous par jour, et la pensée bien arrêtée d'aller se jeter à la Seine, afin qu'après sa mort ses enfants soient recueillis par la charité. Et cette mode sera plus durable que les autres, car le fond y est. Il y a tant de cœur en France, on vient d'en avoir une si bonne preuve. Un pauvre ouvrier obscur, inconnu, court un danger de mort !... pour exciter l'intérêt il n'a que son malheur; eh bien, dans toute la France il trouve de la sympathie, des cœurs qui s'émeuvent, des bras qui se tendent et des prières qui montent au ciel. Je le crains, nous sommes coupables en ne cultivant pas ces nobles sentiments de la France. Nous l'accusons, elle pourrait peut-être nous accuser aussi et nous dire : Je prends le ciel à témoin, que rarement un appel à mon cœur a été inutile. Je reviens à mon sujet; du reste, nous avons pour nous justifier une parole divine qui dit qu'il est bon que le bien soit connu, afin qu'il en revienne gloire au Père qui est dans les cieux.

Nous avons aussi l'autorité d'un grand maître dans la charité; c'est le moment de le rappeler.

On dit que saint Vincent de Paul, lorsqu'il fonda la Salpêtrière, alla implorer la charité de la reine régente ; elle lui répondit qu'à cause du malheur des temps elle n'avait plus rien à donner. « Et vos diamants? » lui dit l'homme de Dieu avec une sainte hardiesse. A cette parole, Anne d'Autriche prend ses diamants, les remet à saint Vincent de Paul et lui demande le secret pour un tel sacrifice. « Le secret, Madame, non, répondit le saint, je ne le puis garder, j'ai du bien à faire; il faut, pour l'intérêt des pauvres, qu'un si grand exemple de charité soit connu de tout le royaume. » Nous aussi, nous avons beaucoup de bien à faire en France, beaucoup d'enfants abondonnés à protéger. Il nous sera donc bien permis de nommer quelques-uns de ces bienfaiteurs de l'enfance. En parcourant la liste des membres du Conseil, je trouve MM. le baron de Montreuil, président; prince Albert de Broglie, de Falloux, Cauchy, de Barthélemy, Baudon, de Beaumont, de Béthune, de Béthisy, de Fitz-James, Amédée Thayer, Gaudry, Émile Deschamps, de Champagny, de Montalembert, de Kergorlay, de Lubersac, de la Bouillerie, etc.

Dans les villes de province il y a beaucoup de jeunes hommes qui dépensent assez mal leur argent et la sève de leur cœur. Qui sait si Dieu ne leur donnera pas l'envie d'imiter les Amis de l'enfance de Paris ! Il y a là un si puissant moyen d'empêcher la démoralisation des classes populaires et des classes riches aussi ! Cette pensée a été noblement exprimée par M. le baron de Montreuil.

« Il ne s'agit pas simplement, dit-il, de soulager des misères, d'alléger des souffrances : il s'agit surtout, par d'heureux rapprochements, de panser les plaies de l'ordre moral et social. Or, quoi de plus merveilleux, à cet égard, que la charité qui se penche sur de pauvres enfants, qui supplée à la famille absente ? Quoi de plus puissant que ces mystères de tendresse qui raniment des existences flétries, qui redressent les intelligences, qui épurent les mœurs ? Ne voyez-vous pas s'établir à l'avantage de tous, entre les situations diverses de la vie, comme un commerce divin fondé sur l'échange mutuel du bienfait et de la reconnaissance ? Dans ce commerce, tout est doux, rien ne pèse ! Ne croyons pas à l'ingratitude, c'est trop commode pour l'égoïsme. La bonne conduite de nos enfants, devenus hommes, nous dit assez que les bénédictions du peuple ne manquent pas à ses bienfaiteurs. »

Il est une autre œuvre dont je regrette de ne pouvoir dire qu'un mot : c'est *l'Œuvre de la Compassion*; sa mission est d'aller chercher nos petits frères de la rue, les petits mauvais sujets, les vagabonds; elle les réunit dans une maison commune; là, elle les entoure de soins. Les résultats ont été des plus consolants, c'est plaisir de voir aujourd'hui ces enfants dont quelques-uns avaient été de petits scélérats... Mais hélas ! l'œuvre est si pauvre !.. Le pain même manque souvent. La veille du premier jour de l'an, quelqu'un voulant donner un peu de bonheur à ces petits déshérités, envoya un billet de cent francs; le directeur lui répondit : Votre billet a été envoyé par la Providence, il n'y avait plus rien à la maison... Il n'en devrait pas être ainsi, l'enfance ne devrait pas être si abandonnée parmi nous ; sur ce point il reste beaucoup à désirer, et ici ma parole ne sera plus la parole qui remercie, mais presque la parole qui gronde.

Nous avons une œuvre admirable, appelée *la Sainte-Enfance*, qui s'occupe des petits enfants chinois... c'est bien... Bonne petite œuvre, que Dieu te bénisse! oui, que l'on ait pitié des petits Chinois, ils sont si malheureux; mais aussi, pitié pour nos petits Français, pitié pour ces petites créatures que le vice et la misère dévorent! C'est ici surtout que la charité doit commencer; il ne doit plus y avoir d'enfants dans la rue, autrement notre charité n'aurait plus de sens; et un Chinois qui connaîtrait la France et le christianisme, serait en droit de nous dire : De quoi vous mêlez-vous? Pourquoi aller chercher si loin des enfants malheureux, des enfants qui se perdent? Mais regardez donc autour de vous, vous en êtes environnés dans votre propre pays; on ne les jette pas à la voirie, c'est vrai, mais on les jette à la rue, au vice, au crime, au bagne, à l'enfer! Est-ce un bien meilleur sort? Allez donc soulager vos propres misères, et quand il n'y aura plus un seul enfant abandonné en France, alors vous viendrez secourir les nôtres... Et le Chinois serait dans le vrai, et le Chinois aurait raison; or, un Chinois ne doit jamais avoir raison quand il s'agit de faire une leçon de charité à un Français.

CHAPITRE III.

Œuvres en faveur des Adultes.

Œuvres des Militaires. — Œuvres des Faubourgs. — Œuvres de Saint-François-Xavier. — Le P. Millériot. — M. l'abbé Laroque. — M. l'abbé Ledreuille. — M. Gaillardin. — M. Raymond Brucker. — M. le docteur Massé. — Conclusion: nécessité d'établir l'œuvre dans chaque ville de France. — Banalité des raisons que l'on donne pour s'en dispenser.

Parmi ceux que la charité de Paris s'efforce de rendre meilleurs et plus heureux en les moralisant, il est une classe qu'elle ne pouvait oublier, elle est trop aimante et trop française pour cela: c'est la classe des soldats... C'est ici qu'elle se montre cordiale et sympathique, et vraiment nulle classe n'est plus digne d'un affectueux intérêt... Un jeune homme à la fleur de l'âge, au milieu des rêves et des illusions qui résident dans toutes les âmes, est enlevé à son pays, à sa famille, à ses frères, à ses sœurs, à son père, à sa mère qui le couvre de baisers et de larmes, et jeté au milieu d'un monde inconnu... Sa vie est à la France; qui sait même si jamais il reverra le toit paternel? Et le soldat n'est pas un être insensible; il n'a rejeté aucun des beaux sentiments du cœur de l'homme.

Croyez-vous qu'il a oublié son vieux père et les dernières paroles de sa mère? De plus, il est environné de séductions. Il a donc besoin des espérances et des consolations de la foi... Et il n'est pas du tout éloigné de Dieu et de la religion. Il y a plus de rapports qu'on ne le pense entre la capote et la soutane. Le soldat français a du cœur. Et l'Évangile n'est-il pas presque tout cœur! Aussi n'est-il jamais insensible à une lettre de sa mère qui lui parle du bon Dieu, quoiqu'il l'appelle quelquefois, en plaisantant, *une épître aux Galates*. Mais il lui est assez difficile de suivre ces bons sentiments; les propos de la caserne ne sont pas toujours édifiants; les soirées d'hiver sont longues; il y a là des ennuis, des tentations.

Pour remédier à ces inconvénients, des hommes du monde, secondés de quelques prêtres, ont ouvert des écoles du soir pour les soldats dans les différents quartiers de Paris. Là, ils viennent apprendre à lire, à écrire, à compter. Après cela, on fait une bonne lecture, une instruction morale et religieuse; puis on cause, on joue, on se chauffe, on s'aime, et on s'en retourne content.

Ces messieurs font eux-mêmes les fonctions d'instituteurs; l'un apprend à lire, l'autre donne des leçons d'écriture, un autre des leçons de calcul. Et c'est chose vraiment touchante de voir un grave docteur de l'université ou un homme distingué par sa position sociale, une baguette à la main, passer ses soirées à apprendre les lettres de l'alphabet à cet humble fils des champs ou des montagnes devenu serviteur de la patrie; il n'y a que le christianisme qui puisse opérer de pareils rapprochements. C'est chose plus touchante encore de voir M. de R... apprendre la prière à un soldat qui ne sait pas lire; il la lui fait répéter mot à mot, absolument comme une mère qui apprend à prier à son petit enfant. On ne sait lequel des deux admirer le plus, ou la patience du maître ou la docilité de l'élève.

Du reste, M. de R... est tout pour le soldat; il est à la fois maître d'école, secrétaire, chantre d'église, orateur et quelque peu prêtre. Le dimanche il préside les vêpres, entonne le *Deus in adjutorium* et dirige le chant de ces voix mâles et énergiques qui sera toujours d'un meilleur effet que les roucoulements de tous ces musiciens si cher payés.

Après le *Magnificat*, si le prédicateur est en retard, il s'installe à la balustrade et fait l'instruction. C'est bien vrai de dire qu'avec de la foi et du cœur on peut beaucoup. En présence de ses bien-aimés soldats, voilà ce jeune homme, timide et modeste comme une jeune fille, osant à peine lever les yeux dans les rapports ordinaires de la vie, qui s'enhardit, s'anime, regarde en face sapeurs, cuirassiers et vieux grognards, leur jette de bonnes et fortes vérités qu'ils reçoivent sans sourciller en pleine poitrine, absolument comme ils recevaient les balles de l'ennemi. Ils font mieux, ils en profitent. Nous avons été ce prédicateur en retard, et nous devons nous accuser qu'en l'entendant nous avons eu peu de contrition de ce péché de paresse...

Après tout cela, viennent souvent la confession, la communion ; c'est quelquefois la première de toute la vie, et c'est un jour de fête partout ; fête pour eux, fête au ciel, et fête dans la famille, à laquelle on s'empresse d'apprendre la bonne nouvelle ; la mère, surtout, n'en peut croire ses yeux, elle lit et relit plusieurs fois en pleurant la lettre de son fils ; et il faut voir ces bons militaires demander pardon à leurs parents, dans les lettres les plus touchantes, des peines qu'ils leur ont causées !

J'aime mieux ces lettres que celles qui viennent sans cesse demander de l'argent à de pauvres gens auxquels on ferait mieux d'en donner.

Rien n'est aimable comme ces soldats chrétiens, il y a dans leur foi tant de sincérité, de loyauté... Parfois elle se révèle d'une manière étrange, originale, mais toujours pleine de sens.

Il y a quelques années, un soldat qui avait assisté fidèlement à ces réunions se rendit à Orléans avec son régiment. Or, depuis l'arrivée de ce nouveau régiment, le curé de la cathédrale avait remarqué, avec surprise, un militaire qui chaque jour, depuis une heure jusqu'à trois, se tenait debout, immobile et droit comme une colonne, au milieu de l'église, devant la grille du chœur. Le bon chanoine n'eût pas du tout été fâché de savoir ce que cela signifiait.

Un jour, un capitaine vint visiter la cathédrale avec sa femme. Le curé le fait entrer à la sacristie, lui raconte ce qui se passe et ajoute : Attendez un instant, le moment va arriver. Uun heure sonne, et le militaire se met à son poste ; le capitaine regarde et s'écrie : Mais c'est mon soldat de confiance, un excellent militaire et un brave garçon. On le fait venir : Eh ! que fais-tu donc ici ? lui dit son chef. — Mon capitaine, je fais deux heures de faction pour le bon Dieu ; voyez-vous, mon capitaine, c'est plus fort que moi, ça m'échauffe le sang... il y a des factionnaires partout. A Paris, il y en a quatre pour M. le président, ici mon général en a deux, mon colonel en a un... pour le préfet, factionnaire... Lorsque je viens ici, je me dis : Le bon Dieu est pourtant plus que tous ces gens-là... et pas un factionnaire pour lui. Eh bien, moi je lui fais une faction, quand je suis libre, et je vous assure que le temps n'est pas long, puisque je l'aime comme vous l'aimez, mon capitaine. En effet, le capitaine avait le bonheur d'être chrétien par sa vie.

Le militaire a ses moyens de vertu à lui, il a même ses scrupules et ses embarras de conscience.

Un jeune brigadier d'artillerie avait un jour un gros cas de conscience à consulter, il s'en va trouver un prêtre et lui adresse cette question. Quand une femme vous embête dans la rue, est-ce un péché de lui donner un coup de pied quelque part pour s'en débarrasser ?

Le prêtre ne s'attendait pas à cette question, et la théologie n'avait pas prévu ce cas ; de plus, c'était un grand et vigoureux cavalier, son pied était robuste, sans parler de sa botte. Il lui fut donc répondu : Je n'y vois pas bien du mal, pourvu que vous ne frappiez pas trop fort.

Quelque temps après il revint tout joyeux et s'écria : L'affaire est faite, et ça a très-bien réussi. — Quelle affaire ? — Eh bien ! j'ai donné le coup de pied. — Mais n'avez-vous point frappé trop fort ? — Oh ! ma foi non, je ne l'ai pas jetée à plus d'un mètre...

Mais c'est surtout dans le dévouement et l'abnégation qu'un soldat chrétien peut aller loin ; sa vie militaire le dispose si bien à l'esprit de sacrifice...

Deux soldats de la garnison de Rome choisissaient dans un magasin des objets pieux. Ils voulaient faire un petit cadeau à l'église de leur village. Une noble dame française s'y trouvait, elle fut profondément touchée. On eut bientôt fait connaissance, et quand le marché fut conclu : Vous mettrez, dit-elle au marchand, tout ce qui a été acheté sur ma note... Oh ! madame, répondit un des militaires, nous vous sommes bien reconnaissants, nous aimons mieux payer nous-mêmes. Il y a six mois que nous nous privons d'eau-de-vie et de tabac pour envoyer un petit souvenir au pays, et ça nous ferait de la peine s'il était donné par un autre... Et son camarade répétait : Oui, oui, c'est vrai... Sur de nouvelles instances, ils consentirent seulement à accepter quelques petits objets de piété destinés à leurs parents.

Un autre militaire apprend que l'église de son village tombe en ruine. Il faudrait une forte somme pour la restaurer. Sur-le-champ son parti est pris, il allait être libre, il s'engage comme remplaçant, et le prix de sa liberté est expédié pour la pauvre église... Qu'on dise maintenant qu'il n'y a pas de charité... pas de religion et pas de cœur sous l'habit militaire... Quand on sait ainsi se dévouer,.. on sait aussi combattre, on sait aussi mourir.

Ainsi le soldat français est plus chrétien qu'on ne le pense. Il ne faut pas le juger sur son extérieur. Il est vrai, il jure, il boit, il dit de sales paroles, mais souvent il croit que c'est l'usage du métier... Au fond il est bon. Il faut donc multiplier ces réunions, ce sera pour la France une source de moralité. Chaque année, quatre-vingt mille hommes rentrent dans leurs foyers... Si le soldat est peu moral, il portera la corruption au village ; de la corruption, il y en a déjà bien assez ; conservons au moins les restes des mœurs simples... S'il est chrétien, sa vertu fera une profonde impression... Un militaire, un homme qui a voyagé, qui a porté les galons de sergent peut-être, aller à la messe, se confesser, cela fera plus d'effet qu'un beau sermon, même de ceux où l'on ne dort pas!... Il faut faire du soldat français, suivant les belles paroles de M. de Maistre, « un brave jeune homme qui craint Dieu et qui n'a pas peur du canon. »

Chose triste à penser ! Partout où il y a agglomération d'hommes, là se trouve aussi la misère ; mais si, à Paris, l'aristocratie du nom ou l'aristocratie de la fortune a ses quartiers préférés, la misère a aussi les siens. Naturellement elle se choisit les faubourgs... Or, c'est le devoir de la bonne charité d'aller chercher la misère partout où elle se trouve. Soulager seulement les pauvres de sa paroisse ou de son quartier ne serait guère humain, encore moins chrétien ; la charité parisienne l'a compris, et elle a établi une œuvre spéciale, c'est l'*Œuvre des Faubourgs*. Sa mission est de porter l'aumône de la bourse et du cœur dans ces asiles de l'abandon et de la faim, c'est en quelque sorte le camp volant de la charité.

Cette œuvre fut fondée à la suite des événements de 1848; elle est sortie du cœur d'un prêtre et de l'âme de quelques femmes chrétiennes, elle se développa rapidement; quelques-uns disent que la peur y fut bien pour quelque chose; qu'importe, la crainte n'est-elle pas le commencement de la sagesse? Il nous est toujours resté une bonne et belle œuvre qui fait beaucoup de bien et qu'il faudrait agrandir.

L'*Œuvre des Faubourgs* est composée de dames du monde, sous la direction du R. P. Pététot, supérieur de l'Oratoire. Son vice-président est M. Rateau; ses vice-présidentes sont: Mmes la générale de Bar, la comtesse de la Bouillerie, la marquise de Villefranche, etc.

Ces dames se sont partagé les différents quartiers des faubourgs; chacune a ses familles à visiter; elles apaisent les uns, consolent les autres, font du bien à tous. Elles se sont d'abord occupées des enfants, c'était sauver la génération à venir, et c'était aussi le plus sûr chemin pour arriver aux parents, on s'informe s'ils vont à la classe, au catéchisme, à l'église; on stimule les parents et on récompense l'exactitude des enfants par des vêtements, robes, pantalons, blouses et casquettes ou par des bons de pain. Plus de deux mille enfants ont joui cette année du bénéfice de ce patronage. Après le bien fait aux enfants, vient naturellement le bien fait aux parents. La misère est grande dans ces quartiers, c'est une misère que l'on ne comprendra jamais sans l'avoir vue. Pauvres gens, quelle existence!.... Cette année a été plus pénible encore à cause de la cherté. Voilà des âmes qui ont besoin d'être soutenues et encouragées... les bonnes visiteuses ont trouvé jusqu'à douze, quinze et dix-neuf personnes réunies dans une seule pièce et composant deux ou trois familles. La partie supérieure des meubles servait de lit aux parents, et les enfants couchaient dans les tiroirs... Et de plus, à la misère du corps vient souvent se joindre la misère de l'âme, et tous ces besoins sont soulagés, toutes ces douleurs sont consolées; pour vaincre les difficultés, on appelle à son secours les mille petites industries de la charité.

Une jeune dame visitait une maison de l'un des faubourgs ; ses aumônes étaient abondantes, et chacun aurait voulu tout accaparer. Comme toujours, l'envie conseilla le mensonge, la pauvre dame était accablée de dénonciations. Dans une maison, on lui disait : Oh ! Madame, vous assistez le voisin, et il ne le mérite guère, c'est un paresseux qui s'enivre et qui vend vos bons de pain. Chez ce même voisin, on lui disait : Oh ! Madame, si vous connaissiez la femme de la maison d'où vous sortez ! Voyez, on n'ose seulement le dire, c'est... c'est une coquine, chez laquelle une *gentille dame* comme vous ne devrait jamais entrer ; ça ne donne que de mauvaises leçons à ses enfants, même que son gamin vous faisait des grimaces derrière le dos la dernière fois que vous êtes venue. — Ailleurs, on lui dit : Vous croyez que l'homme du fond du corridor est malade, il ne l'est pas plus que moi ; quand il vous voit venir, il prend son bonnet de coton et se couche ; mais à peine avez-vous tourné les talons, qu'il se lève pour faire la *noce*... Et ainsi de suite dans chaque maison.

Fatiguée de ce manège, cette dame les réunit tous un jour et leur dit : Mes amis, il paraît, d'après votre propre témoignage, que vous êtes tous, sans en excepter un seul, de malhonnêtes gens, qu'aucun de vous ne mérite la charité ; aussi je vous abandonne tous, je m'en vais ; adieu, et au plaisir de ne pas vous revoir ; et la voilà partie.

On resta étonné, confondu..., et le besoin vint bientôt. On écrivit lettres sur lettres, on envoya courrier sur courrier, on alla pleurer auprès de cette dame, et elle ne revenait pas ; et pendant ce temps-là on souffrait, la faim faisait son commerce dans les poitrines. Pourtant elle revint, elle se laissa fléchir, mais plus jamais on ne lui parla mal de son voisin, et chacun fut corrigé du péché de jalousie.

Mais, disons-le bien vite, souvent les choses vont beaucoup mieux. La reconnaissance et la charité sont dans les cœurs... Un homme est si touché de la bonté de sa visiteuse, qu'il veut à tout prix savoir son nom. Il suit sa voiture à pied, l'espace de près d'une lieue, il demande simplement au concierge qui vient d'entrer, et s'en retourne ; à la prochaine visite, la dame de charité, étonnée de s'entendre appeler par son nom, lui demande comment il a pu l'apprendre, et il répond: Madame, il faut bien savoir le nom de ses bienfaiteurs...

Un enfant protégé de l'œuvre demandait sans cesse à son patron le prix de chaque chose à son usage. Le patron surpris lui demande ce que cela signifie: « Je veux, répondit l'enfant, savoir ce que ma mère dépense pour moi, afin de le lui rendre quand je serai grand... »

Voilà le bien qui se fait, mais il en reste tant à faire! Il faudrait plusieurs corps d'armée de la charité pour parcourir tous ces asiles de la misère du corps et de la misère de l'âme. C'est dans cet échange du bienfait et de la reconnaissance que se trouvent l'apaisement des cœurs et la source des bons sentiments... Il faut si peu de chose pour faire du bien à ce peuple des faubourgs, il a tant d'esprit et tant de cœur! La charité surtout le désarme, alors même qu'il a bonne envie de se fâcher ou de se moquer de vous.

Un jour, un prêtre passait dans une rue du faubourg Saint-Marceau, c'était le lundi. Or, il y avait à la porte d'un cabaret quatre ou cinq ouvriers ; ils le regardaient le sourire sur les lèvres, et ce sourire n'était pas précisément gracieux... Mais quand leurs yeux se portèrent sur sa chaussure, ils partent d'un grand éclat de rire : en effet, elle était considérablement avariée, mal tournée et ressemblait beaucoup à ces poutres tortueuses que l'on recherche pour la construction des navires... Puis après cela une foule de bons mots : Quelle tournure de souliers, sans parler de la tournure de l'homme, etc. Il y eut un moment de silence, et le prêtre crut qu'il en avait fini avec eux ; mais voilà tout à coup l'un de ces ouvriers qui l'aborde, sa casquette à la main, et lui dit de l'air le plus sérieux et le plus narquois du monde : « Pardon, monsieur l'abbé, auriez-vous la bonté de me dire quel est l'artiste bottier qui vous a fait une si magnifique paire de souliers : je voudrais bien en avoir de semblables... — Mon ami, lui répondit le prêtre, c'est tel cordonnier, mais ce n'est pas sa faute, c'est la faute de mon pied et aussi la faute du temps, ils sont vieux, mais il y a tant de pauvres, il faut bien économiser pour faire la charité. » A ces mots, il changea de contenance et s'écria ; « Ah ! pardon, c'est une plaisanterie, j'avais parié une bouteille avec les camarades, j'ai eu tort... — Soyez tranquille, reprit le prêtre, je vous pardonne, et tant que vous voudrez je vous permets de vous moquer de ma chaussure et aussi de ma personne, pourvu que vous soyez bon enfant ; venez avec moi, nous allons causer. » Et voilà le prêtre et son aimable mauvais sujet qui s'en vont bras dessus bras dessous. On fait connaissance. On échange ses adresses. C'était un ouvrier typographe. Il est convenu qu'il viendra le lendemain chercher son pardon. Il est fidèle à sa parole, il emporte de bons livres, il revient encore, il se confesse, et aujourd'hui c'est un brave garçon et un excellent chrétien.

Ce peuple n'est pas plus méchant que cela, quand il écoute la bonne partie de lui-même... Nous en avons trop peur, nous craignons trop ses méchantes paroles. Est-ce que nous ne connaissons pas bien tous le Français ? Il faut qu'il se moque de quelqu'un, au moins de temps en temps... Mais le cœur est excellent ; à toutes nos charités pour lui ajoutons donc la permission de se moquer de nous, c'est le plus sûr moyen de l'en empêcher.

Deux choses en France font infiniment de mal à nos pauvres et chers ouvriers : l'ignorance de la religion et les excès du dimanche. Ah ! voilà leur mauvais côté, voilà un puits de misère !...

A Paris, la charité a essayé de diminuer ce mal. Des hommes du monde et des prêtres ont formé des associations d'ouvriers qui se réunissent le dimanche pour passer ensemble une soirée toute remplie d'intérêt, de repos, de science morale et religieuse ; ces associations sont connues sous le nom *de Sociétés de Saint-François-Xavier* ; il y en a seize ou dix-sept dans les différents quartiers de Paris (1).

C'est à coup sûr une excellente charité, car il y a là une bien grande plaie à guérir. De sa nature, l'ouvrier français est bon, généreux, aimant ; mais il est faible ; mais, entraîné par le contact de l'orgie et d'êtres dégradés, il fait des choses hideuses, inouïes, atroces...

(1) Voir dans le *Manuel de Charité* : Manière d'établir et de diriger une Société de Saint-François-Xavier.

Souvent les tribunaux nous révèlent des scènes qui se répètent dans bien trop de familles...

Une femme paraît devant le tribunal de police correctionnelle... Cette malheureuse dépose d'une voix tremblante. Sa figure prend une expression de terreur chaque fois qu'elle porte les yeux sur son mari.

M. le président. — Déposez sans crainte, dites au tribunal quels sont les coups que votre mari vous a portés ?

La femme. — Depuis quatre ans, mon mari ne fait que me battre jour et nuit. Je n'ai pas eu, depuis ce temps, un seul instant de repos. Je porte les traces de ses brutalités sur tout le corps.

— Depuis combien de temps êtes-vous mariée ?

— Il y a bientôt cinq ans.

— Et depuis quatre ans vous êtes victime des brutalités de votre mari ?

— A toute minute... je n'ai pas eu un jour de bon depuis quatre ans.

— Vous avez un enfant ; quel âge a-t-il ?

— Trois ans et demi.

— Le 28 août votre mari ne lui a-t-il pas aussi porté des coups ?

— Oui, Monsieur, et c'est bien ce qui m'a désolée ; si encore il n'avait battu que moi... j'y suis habituée... mais mon pauvre enfant !.. Il lui a donné des coups de poing dans le dos et l'a jeté à terre. Alors je l'ai supplié ; je lui ai dit en joignant les mains : « Je t'en prie passe ta colère sur moi, mais épargne mon enfant ! » Il ne m'a pas écoutée, il a battu mon enfant, et moi il m'a jetée par terre et foulée aux pieds.

— Votre mari vous frappe-t-il donc pendant la nuit ?

— Oui, Monsieur, chaque jour je m'endors avec mon bourreau...

La charité ne doit pas permettre que de pareilles choses se passent en France. On a donc voulu remédier à ce mal. On réunit les ouvriers dans une église ou chapelle ; là on chante de petites vêpres, bien petites... trois psaumes seulement avec le *Magnificat*...

Puis viennent les orateurs laïques et ecclésiastiques. L'un fait une instruction religieuse appropriée à l'auditoire ; l'autre fait un petit cours d'économie domestique ; un autre fait un cours d'hygiène aussi utile à la santé de l'âme qu'à la santé du corps ; celui-ci fait un cours d'astronomie ou de physique amusante ; celui-là raconte une histoire ou un voyage; les musiciens prêtent le concours de leur voix ; des poètes récitent des vers de leur composition ; de savants professeurs, nos grands orateurs veulent bien, avec la plus gracieuse obligeance, adresser de cordiales paroles à ces braves ouvriers. Il y en a même, tels que M. Gaillardin, qui leur donnent presque toutes leurs soirées du dimanche, encore parlent-ils dans deux ou trois réunions chaque soir. D'autres aident à garnir la caisse qui assure des médicaments, la visite du médecin à l'ouvrier malade et du pain à sa femme et à ses enfants. Après cela tous s'en retournent contents... Et la femme de l'ouvrier, quand on lui permet d'assister à ces réunions, il faut voir comme elle est heureuse... Je le crois bien, ce jour-là elle ne sera pas maltraitée, puis ses enfants auront du pain, la caisse est sauve.

A la bonne heure, voilà de la charité, de la charité vraiment chrétienne et française... Je ne sais pourquoi ces réunions n'existent pas au moins dans tous les chefs-lieux d'arrondissement. Il y aurait là une source de moralisation universelle ; aujourd'hui l'ouvrier voyage, et au lieu de tomber dans un mauvais compagnonnage qui l'exploite ou le corrompt, il rencontrerait partout protection, sympathie et intérêt. On lui trouverait de bons patrons, on le protégerait contre les provocations au mal... Par là on fermerait le puits de la misère.

Oh! comment n'avoir pas pitié de tous ces pauvres ouvriers... ils sont si dignes d'intérêt. Sans doute, je l'avoue, l'écorce est quelquefois raboteuse... il y en a même de méchants... mais il y a de si heureux retours. Il est si facile, quand on s'en occupe, de les ramener à la justice et à la vérité.

Si le peuple est facile à égarer, il est facile aussi à redresser... Mon Dieu, pourquoi donc n'est-il pas plus connu ?... Moquez-vous de ses faiblesses avec justice et bon sens, il vous les abandonne, vous les sacrifie sans arrière-pensée, et il n'est pas le dernier à en rire.

Quelques semaines après la révolution de Février, quand toutes les têtes étaient en ébullition et que chacun se croyait tenu en conscience de nous doter d'un monde meilleur que celui que nous avons reçu de la Providence, un évêque de l'Océanie, Mgr d'Amata, se trouvait à Paris. Un jour il passait devant un club en plein vent. L'assistance était nombreuse, toutes les oreilles étaient attentives et tous les regards fixés sur un orateur qui vantait les bienfaits du communisme. Il finit par la phrase habituelle : Plus de pauvres, plus de riches ; plus de grands, plus de petits ; plus de palais, plus de chaumières, mais égalité complète, bonheur égal pour tous... Après cela, explosion terrible d'enthousiasme et de bravos.

Cependant l'évêque demanda la parole et elle lui fut accordée ; il monta sur la table qui remplaçait la tribune et s'exprima ainsi : Citoyens, on vient de vous parler du communisme et on vous en a dit beaucoup de bien. Pour moi, j'en puis parler aussi pertinemment que qui que ce soit. J'habite depuis longtemps un pays où le communisme est mis complètement en pratique (Redoublement d'attention). Là, citoyens, le propriétaire est un être inconnu. Là tout est commun : la terre, les forêts, les rivières, le poisson, le gibier et les femmes. Mais voici comme les choses se passent : personne ne travaille, les champs sont incultes et on vit de poisson et de gibier ; et quand il n'y a plus ni gibier ni poisson, comme il faut pourtant bien manger, on va à la chasse les uns des autres. Le plus fort s'empare du plus faible, l'embroche et le mange. Ainsi, avant que d'établir le communisme, réfléchissez et voyez si ce genre d'existence peut vous convenir ; si vous y persistez, je vous conseille avant tout d'acheter une bonne provision de broches et de les faire bien aiguiser, car ce sera le meuble le plus précieux sous le règne du communisme. (Explosion de cris : A bas le communisme ! enfoncé le communisme !)

Mais voici qui révèle mieux encore le caractère national, si c'est possible, et qui est beaucoup plus gai et plus facile.

En 1848, un rassemblement s'étant formé dans une petite ville, un chef de bataillon fut chargé de le disperser. C'était un franc et jovial militaire auquel il en coûtait de répandre le sang. Il essaya d'un nouveau procédé. Il était doué d'une magnifique voix. Arrivé en face de cet attroupement, moitié émeute et moitié club en plein vent, il trouve un oratour qui échauffait les têtes du haut d'une charrette, c'était la tribune de l'endroit. Il le fait descendre, monte à sa place. Assez parlé, s'écrie-t-il, maintenant à mon tour, et il entonne à l'émeute une chansonnette toute gauloise, et l'émeute se met à rire. Or, en France, quand on a ri on est désarmé. Le moyen de se battre, après cela?

SOCIÉTÉ DE SAINT-FRANÇOIS-XAVIER.

L'âme d'une *Société de Saint-François-Xavier*, ce sont les orateurs. Or, il est plus difficile qu'on ne le pense de parler au peuple.

Avant tout, l'homme qui s'adresse au peuple doit être naturel, doit être soi-même, tirer sa parole d'une science bien digérée et du *bon trésor de son cœur*, comme dit l'Écriture.... et c'est chose rare ; trop souvent on emprunte des idées à l'un, et à l'autre des nippes littéraires pour les revêtir. De là, ces avalanches de phrases banales et toutes faites, qui traînent dans les livres depuis deux siècles, qui ne disent plus rien, qui sont usées à force d'avoir servi....

Le peuple aussi veut quelque chose de familier, de vivant, de clair, de saisissant. On ne peut trop le répéter, la parole qui n'est pas claire n'est ni chrétienne, ni française. Mais, je me hâte de le dire, la clarté ou la popularité du discours ne consiste nullement à se servir d'un langage commun, trivial ou grossier; le peuple lui-même n'en veut pas et le regarde comme blessant pour son intelligence et pour sa dignité. Le peuple a beaucoup plus de tact qu'on ne le pense, il sait parfaitement ce qui convient à chacun, il a un sentiment exquis des convenances ; il veut que son orateur parle mieux que lui. Le peuple aime la dignité dans la parole ; aussi toutes les fois qu'il nomme devant vous une chose moins élevée, il a le soin d'ajouter ce mot proverbial : *sauf votre respect*. Du reste il s'agit d'élever le peuple, il faut donc être plus haut que lui. La façon de parler joue un grand rôle dans la moralité de la vie.

A Paris, on trouverait facilement des orateurs populaires, parce que la parole y est vive, simple, familière, élégante, sympathique, à moins qu'elle ne soit ironique ; ce qui, en France, ne gâte rien à l'affaire, pourvu toutefois que cette ironie soit assaisonnée de bienveillance et de modération ; aussi, il s'en est déjà formé un bon nombre. Parmi les orateurs bien-aimés du peuple, il en est un que nous allons faire connaître aujourd'hui, c'est le Père Milleriot... Ce sera un moyen de dire le bien qui se fait, la manière dont il se fait, et peut-être aussi d'inspirer à d'autres le désir de devenir les apôtres de ce pauvre peuple qui travaille et souffre trop souvent sans consolation et sans espérance. Nous envoyons des missionnaires aux païens des pays étrangers, serait-ce être trop exigeant que d'en réclamer aussi pour nos païens de France?

Le Père Milleriot s'est entièrement dévoué au bien des ouvriers et des pauvres... Il leur a tout donné, son temps, ses forces, sa parole, son cœur, sa vie.... il est directeur de la *Société de Saint-François-Xavier* et de la *Sainte-Famille* de Saint-Sulpice, les deux plus florissantes œuvres en ce genre qui soient à Paris. C'est l'orateur du peuple; comme disait l'un d'eux, *c'est le Ravignan des ouvriers.*

Il faut le voir au milieu de son cher peuple, au milieu de cet auditoire qui en épouvanterait d'autres, il est heureux... on dirait un père au milieu de sa famille. Il faut l'entendre surtout; sa parole est populaire, vive, originale, étrange, familière, impérieuse. Variée à l'infini, elle cause, elle rit, elle pleure, elle prie, elle commande, elle persuade, elle bouscule, elle menace, elle aime et très-souvent elle impressionne,... et ce peuple exprime ce qu'il ressent de la façon la plus pittoresque... L'un disait : « Pas moyen de résister, il vous fait entrer les paroles dans le corps malgré vous. » Un autre était venu avec des préventions et s'en retournait en disant à son voisin : « C'est égal, faut convenir que ce n'est pas trop mal parlé pour un jésuite. — Je le crois bien, répondit le voisin ; tu es bon enfant, toi, tu ne sais donc pas que les jésuites *c'est tout ce qu'il y a de plus chic dans les prêtres*. »

Le Père Milleriot va tout droit au but : à la confession, à la conversion ; des pécheurs à genoux comme de petits enfants et priant le Père qui est aux cieux, voilà ce qu'il lui faut, voilà les trophées de sa parole. Il a une prédilection particulière pour les méchants ; s'ils sont tant soit peu scélérats, les choses n'en vont que mieux, et la fête sera plus belle au ciel. Il les appelle de *gros poissons*; or, c'est tout son bonheur de les prendre. Je m'imagine que, s'il n'y avait plus de pécheurs ni de méchants en France, il serait bien attrapé. Chaque carême et même chaque mois de Marie lui amène des centaines de ces pauvres pécheurs, de ces chères brebis égarées; et puis ce sont des mariages bénis, des enfants légitimés, des ménages raccommodés, des âmes aigries réconciliées avec la société, des moribonds consolés, de bons livres distribués, des pauvres secourus, des désespérés rattachés à la vie, des sommes restituées. Il ne confesse que du pauvre monde, et cependant, l'année dernière, il a fait pour plus de 2,000 francs de restitutions. Qu'on dise encore que le ministère sacré est stérile auprès du peuple.

Le Père Millériot a deux grandes puissances : son dévouement et son accent de conviction. Le peuple français adore le dévouement, c'est un argument auquel il résiste rarement; il a tant de cœur ! L'abnégation, le sacrifice de soi le bouleverse, le ravit; *le grise*. En sa présence, il se tait et il vénère. Le Père Milleriot produit ce sentiment sur les natures les plus âpres et les plus rebelles. Des ouvriers en blouse et en casquette lui apportent leur petit enfant nouveau-né; le *Père* lui fait une croix sur le front, et cet ouvrier s'en retourne content. Un autre avait reçu sa visite, et sa joie était si grande, qu'il ne savait pas, disait-il, s'il était possible d'être plus heureux, alors même qu'il recevrait la visite du bon Dieu.

Quand à l'accent de conviction, on le conçoit avec le dévouement; il est si fort, qu'un ouvrier disait à un de ses amis: « Si tu ne veux pas te ranger, ne va pas l'entendre, tu n'y pourrais pas tenir; il vous dit des choses... dame, on est bientôt pris avec celui-là. »

Les mêmes effets sont produits sur les natures cultivées. Un homme de lettres qu'il a converti disait: Cet orateur a une puissance immense. Les autres, on les voit venir: nous savons tous comment en littérature on fait jouer les ficelles; mais il y a chez celui-là quelque chose d'imprévu, de convaincu, de divin, qui vous saisit et vous terrasse.

Mais c'est surtout dans les gloses, c'est-à-dire dans ces petits entretiens qui précèdent les sermons, qu'il est vraiment intéressant; il cause de toute chose, de lui-même, de son auditoire, des ses faiblesses. Il faut entendre la glose sur ceux qui ne sont mariés que *de la main gauche*, ou qui ne sont pas mariés du tout. Il est si persuasif, si entraînant; il lève si bien les difficultés, que ces pauvres gens ne demandent pas mieux que de se marier *de la main droite.*

Voici un jugement porté sur le Père Milleriot et une de ses gloses analysée par une brave concierge revenue à la religion après une longue lacune dans la pratique des devoirs du chrétien. Nous allons conserver la couleur locale; je soupçonne la bonne concierge de n'avoir pas trop mal raconté la glose.

— Eh bien! lui dit une dame, j'ai appris que vous étiez convertie. — Oh! oui, Madame, je suis convertie, et bien contente. — Et qui vous a convertie? — C'est le Père Milleriot, un homme qui n'a pas son pareil en France... Figurez-vous que j'ai été à son sermon... Il m'a toute bouleversée, tout *emberlificoté* l'âme... Je n'ai pas pu y tenir, il a fallu me confesser... Et j'ai été si heureuse que j'ai dit à mon homme : Tu penseras ce que tu voudras... je me suis mis dans la boite du Père Milleriot, je me suis confessée. Il savait tout ce que j'avais fait, il m'a raconté toute ma vie ; je n'avais qu'à répondre oui.. J'étais pourtant si contente, si à l'aise, que c'était tout comme si on m'avait ôté la butte Montmartre de dessus la conscience... Non, Madame, il n'y a pas deux Pères Milleriot en France... Cet homme-là est si bon, il aime tant le pauvre monde, qu'il pense à tout. La veille de la communion générale, il nous a fait un si beau sermon ! Il nous a dit comme cela : « Mes bons amis, c'est demain un grand jour... nous aurons le bonheur de recevoir le bon Dieu ! Il faut que nous soyons tous propres, tous beaux... Ainsi, ce soir, nous allons tous nous laver les mains et la figure... Les femmes vont repasser les robes et lés bonnets, les hommes vont cirer les souliers... Avec un sou de cirage, vous en cirerez beaucoup. Si vous n'avez pas moyen d'avoir pour un sou de cirage... vous prendrez un peu de graisse. Ça ne sera pas si bien ; mais ça ne fera pas de mal.., Ainsi, mes bons amis, c'est bien entendu, souliers noirs et mains blanches.

« Pendant que vous ferez tout cela, moi je recoudrai un trou qui est au coude de ma soutane. Demain je mettrai un surplis blanc, et puis nous serons tous beaux. »

Si le Père Milleriot sait causer simplement, dans la glose, avec ses chers ouvriers et ses bien-aimés pauvres, il sait aussi, dans le discours, s'élever aux mouvements de la véritable éloquence.

Surtout à la fin de son sermon sur la confession, il est pressant, pathétique, il y a chez lui un parfum évangélique et des élans de cœur qui vont jusqu'à l'âme.

Après avoir parlé de la nécessité et des avantages de la confession, il fait cette réflexion : « Mais il est peut-être ici quelqu'un prêt à me dire, s'il l'osait : Est-ce que je puis me confesser? Vous le savez, il est des fautes si humiliantes, si humiliantes, qu'on ose à peine se les avouer à soi-même, comment aller les dire à un prêtre? Que pensera-t-il de moi? Je perdrai à tout jamais son estime, il me repoussera...

« Mes bons frères, le prêtre vous repousser, vous refuser son estime et son affection, parce que vous lui avez avoué de grandes fautes... Ah! vous ne savez pas ce que c'est qu'un cœur de prêtre, un cœur de confesseur... Si je pouvais donc vous en montrer un, si je pouvais donc vous dire ce qui se passe dans ce cœur au moment où il entend la confession d'un grand pécheur. Mille sentiments tendres et délicieux s'y succèdent et s'y heurtent. Il bénit Dieu de vous avoir conservé la vie, il le bénit de l'avoir choisi, lui aussi pauvre pécheur, pour vous sauver; il vous remercie de la confiance que vous lui témoignez, il admire votre courage; vous le dirai-je, il a presque de la vénération pour vous, parfois il serait tenté de se jeter à vos pieds... J'en demande pardon aux âmes vertueuses, si le prêtre a une prédilection, c'est pour le grand coupable, c'est lui qui revient le premier à son souvenir, dans la prière et au saint autel. Le prêtre vous repousser! mais vous lui apportez du bonheur, vous contribuez à lui donner un des beaux jours de sa vie.

« Car, mes bons frères, puisqu'il faut tout vous dire, savez-vous bien quel est le plus beau jour de la vie d'un prêtre? Certes, il y a de beaux jours dans la vie du prêtre. Vous dites quelquefois: Les prêtres sont heureux.

C'est vrai, mais ce n'est pas du bonheur que vous entendez. Eh bien donc, quel est le plus beau jour de la vie du prêtre?

« Est-ce le jour où, après avoir achevé de longues et pénibles études, il reçoit le caractère sacré de la main du pontife de Dieu?

« Non.

« Est-ce le jour où il monte pour la première fois de sa vie à l'autel de la paroisse qui le vit naître, entouré d'une famille heureuse, d'un père et d'une mère chéris, de frères et de sœurs bien-aimés? Oh! ce jour est beau, et il laisse dans notre âme de bien doux souvenirs. Nous ne nous consolerions jamais de le voir tant s'éloigner, n'était l'Éternel qui s'avance.

« Mais est-ce le plus beau jour?

« Non, non.

« Le plus beau jour de la vie d'un bon prêtre, c'est le jour où un plus grand nombre de pauvres pécheurs, ses frères, vont lui dire: « Mon père, j'ai fait bien du mal, je suis un grand coupable, je n'ai pas osé tout dire; mais, mon père, je veux tout vous avouer, je veux mieux faire. » Oh! mes frères, voilà le plus beau jour de la vie d'un prêtre, je le dis devant Dieu qui m'entend et vous voit ; c'est pour trouver ce jour qu'il a tout sacrifié, qu'il a renoncé aux joies de la famille, qu'il a quitté son vieux père, fait pleurer sa mère, peut-être! ô jour heureux, jour de délicieux bonheur!...

« Oh! qui me donnera des pécheurs à écouter, à consoler, à bénir, qui me donnera de me baisser pour aller ramasser de pauvres âmes au milieu des misères et des passions de la vie, qui me donnera de les prendre dans mes bras et de les porter à la vérité, au bonheur, au ciel!...

« Mes frères, c'est pénible, sans doute, de passer de longues heures à écouter l'histoire des faiblesses de la pauvre humanité ; mais quand on a pu faire du bien à une seule âme, convertir un seul cœur, avec quelle effusion on dit à Dieu : « Merci, mon Dieu! donnez-moi encore des jours semblables à ce jour...

« Ne craignez donc pas, mes frères, venez, venez, apportez-nous un peu de ce bonheur! ne nous en privez pas, nous n'en aurons jamais d'autre, jamais, jamais ; toutes les autres issues nous sont fermées, ayez pitié de nous, rendez-nous heureux, rendez-vous heureux vous-mêmes! »

Voilà certainement de la bonne éloquence, de l'éloquence vraiment apostolique, qui est, après tout, la seule qui convienne à un prêtre. Voilà comme il faut parler, non-seulement au peuple, mais à tout le monde. Aussi ce sermon est-il presque toujours suivi de conversions.

La parole populaire doit être remplie d'images, de comparaisons, de traits. Le Père Millerlot a soin d'en semer dans toutes ses instructions, quelquefois jusqu'à la profusion ; il a de ces comparaisons, de ces traits qui sont tout pleins d'originalité et de charme.

En terminant une retraite ou une mission, il s'adresse ainsi à ceux qui n'en ont pas profité : « Que vous dirai-je, à vous mes bien-aimés frères? Vais-je vous adresser des paroles dures? J'en aurais peut-être le droit au nom de Dieu; mais, certes, je n'en veux pas user... J'aime mieux vous tendre la main, vous plaindre, compatir à votre malheur. Il m'eût été bien doux de vous sauver; mais vous ne l'avez pas voulu : Dieu ne m'en a sans doute pas jugé digne. J'étais venu pour vous aussi... Un autre, je l'espère, sera plus heureux... Allez, je ne vous en veux pas, je ne vous maudis pas ; au contraire, je prierai toujours pour vous. Il viendra un jour, j'espère; aujourd'hui, il y a des obstacles...

« Mes frères, je vais vous raconter une histoire qui n'est pas vraie, qui est impossible, c'est une parabole :

« On dit que dans un pays du Nord, vers le pôle, il fait si froid, si froid que les paroles y gèlent ; deux hommes placés à une certaine distance se parlent, mais ils ne s'entendent pas... Leurs paroles restent gelées dans l'air, mais quand vient le printemps, les paroles dégèlent et on les entend.

« Mes frères, il fait froid aussi autour de vos âmes, il y a de la glace, et nos paroles y gèlent. Mais quand viendra le printemps, quand le soleil de Dieu brillera, ces paroles dégèleront et elles iront jusqu'à vos cœurs, ne fût-ce qu'au moment de la mort.

« Oui, laissez-moi croire qu'un jour le temps de la grâce viendra pour vous... J'en ai besoin ; laissez-moi espérer que nul de vous ne sera perdu... Laissez-moi emporter cette espérance qu'un jour nous nous retrouverons tous ensemble, tous à jamais heureux... »

Voilà qui est vraiment parler en prêtre, en apôtre. Aussi il faut entendre les sanglots ; de grosses larmes coulent sur ces joues robustes, et après ce dernier sermon, son confessionnal est encore entouré de retardataires qui demandent le bienfait du pardon.

Nous avons dit que l'une des sources du bien que fait le Père Milleriot est dans son dévouement. Il aime du fond du cœur ces pauvres gens, il a pour eux jusqu'aux délicatesses de la charité, ceux qui en sont témoins ne peuvent y résister... Ainsi il tire presque toutes ses aumônes de la petite bourgeoisie, elle verse sa bourse dans sa main. Je suis heureux de trouver cette occasion de la réhabiliter ; on l'a accusée d'être tant soit peu enfoncée dans la matière et l'égoïsme, on voit qu'elle ne demande pas mieux que d'être généreuse quand on l'y fait songer.

Il y a une si grande force dans ce dévouement, dans cette abnégation, qu'il domine même les âmes perverties. Le père Milleriot avait donné une retraite daus une prison, elle avait produit les plus heureux résultats ; quelques jours après, il retourna visiter ses chers scélérats ; il entre dans la cour, nous avons été témoins de ce fait, voilà que tous ces hommes, voleurs, condamnés au bagne, l'entourent, se jettent à son cou et il les embrasse tous cordialement. On eût dit un père qui se retrouve au milieu de sa famille après une longue absence ; ceux qui avaient les fers aux pieds, se hâtaient de venir recevoir aussi un peu de cette bonne affection si rare pour le pauvre prisonnier...

C'est encore le dévouement qui les avait amenés là... Dans la prison il s'adresse toujours aux fortes têtes de l'endroit, il va tout droit aux groupes les plus méchants et les plus hostiles. Ses plus gracieuses paroles sont pour les impies, et il leur donne sur la joue de charmants petits soufflets... Quelquefois on lui dit : « Est-ce que vous ne vous rappelez pas que c'est moi qui vous ai dit des injures l'autre jour ? — Oh ! bien oui, répond-il, des injures, est-ce que j'ai peur de cela, moi ? au contraire quand j'en peux attraper une bonne, je la regarde comme une heureuse fortune, et je vous en aime davantage, et puis je sais bien qu'au fond vous valez mieux que vos paroles... » Et quand il est parti ou dit : « *Tiens, voilà un prêtre qui n'est pas comme les autres, celui-là pratique sa religion... il n'est pas dit que je ne me confesserai pas à lui.* » Et presque toujours les effets suivent la parole, cela doit être.

J'ai souvent fait cette réflexion : on prépare à grands frais de beaux discours, c'est bien, c'est un devoir.... mais pourquoi ne pas préparer aussi ces paroles et ces actions, qui, à elles seules, valent mieux que plusieurs discours ?

Je reviens encore au bien fait aux ouvriers... J'y reviendrai souvent, je n'ai pas fini. J'y reviendrai jusqu'à ce que l'on comprenne par le cœur et par les actes que ce bien est possible partout, qu'il est fructueux, que c'est un devoir, que Dieu nous redemandera le sang et l'âme de nos petits frères les ouvriers et les pauvres.

Car vraiment, nous autres gens de bien, comme nous nous appelons modestement, nous nous en sommes trop peu occupés. C'est le temps de nous dire à nous-mêmes ces bonnes vérités... Pourquoi nous le dissimuler ? Sur ce point nous sommes coupables... En général, on a trop négligé les hommes... Il y a quelques années, c'était chose presque convenue, un homme devait être nécessairement une manière d'impie. De mauvais plaisants ont accusé un concile d'avoir décrété que les femmes avaient une âme. Nous autres nous avions décrété que les hommes n'en avaient plus, ou du moins nous agissions souvent comme si nous l'avions fait ; leur sort ne touchait personne. Les femmes elles-mêmes, d'ordinaire si sensibles et si charitables, en avaient pris leur parti... Si on demandait à une femme où en était son mari ou son fils à l'égard des devoirs du christianisme, elle répondait légèrement : Comme les autres... Vous savez, ces messieurs n'ont plus beaucoup de religion. Et c'était fini. Je n'aime pas ce langage, il me fait mal. Il n'y a là ni foi, ni cœur... Nous avons damné, réprouvé les hommes sans pitié ni merci... Bah ! les hommes, bonne prise et pâture pour le diable...

Les choses vont mieux aujourd'hui en bien des endroits ; mais il reste encore beaucoup à désirer... Il faut qu'avant un an il y ait des associations d'ouvriers dans chaque chef-lieu d'arrondissement; il faut que par des faits on détruise toutes les excuses, tous les prétextes, toutes les raisons pour ne rien faire... J'aime du reste beaucoup les excuses et les raisons que l'on allègue : elles sont innocentes, si innocentes, sans parler de leur banalité... — Attendons; — le temps n'est pas venu; — nous n'avons pas d'éléments; — il n'y a rien à faire; — vous ne connaissez pas notre ville, ce n'est pas une ville comme une autre... Voyez donc la ville unique..! Tout cela vieilleries et banalités à l'usage de toutes les paresses et de toutes les mauvaises volontés, auxquelles on voit avec peine, même des gens d'esprit, recourir en désespoir de cause.

Continuons donc de parler de ceux qui font du bien aux ouvriers, afin d'en porter d'autres à suivre leur exemple et de leur apprendre comment il faut le faire.

A côté du P. Milleriot vient se placer M. l'abbé Laroque, qui a fondé il y a quelques années et qui dirige avec succès la Société des ouvriers de Saint-Eustache, dont il est le premier vicaire... C'est le quartier des halles et le pays des intérêts matériels, et cependant depuis l'établissement de cette association nul ouvrier n'est mort sans le secours de la religion. Dans ces réunions se sont établis les meilleurs rapports, ces braves gens connaissent maintenant les prêtres et les aiment, et c'est là le chemin de la pratique des devoirs du chrétien.

M. l'abbé Laroque a beaucoup vu et beaucoup examiné ; il connaît le peuple à fond, chose indispensable pour lui faire du bien, mais aussi chose toute-puissante. Il a été militaire, chirurgien dans l'armée, aumônier des Invalides, prédicateur des prisons et des bagnes... Il a ramassé une foule d'expériences et de faits dont il sait tirer parti à propos... Il emprunte ses images et ses comparaisons à la vie du soldat, ce que le peuple aime toujours. Il appelle la confession pascale, la grande inspection du bon Dieu...

Sa mémoire est abondamment pourvue de traits recueillis chez les Invalides, dans les prisons et les bagnes, et il les raconte d'une manière piquante et vraiment instructive.

Citons d'abord un de ces derniers à l'usage de ceux qui prétendent qu'il n'y a rien à faire avec les ouvriers, qui osent bien les ravaler au-dessous des voleurs et des forçats. J'ai honte de la comparaison. Mais on nous force à la faire, car les braveurs qui prétendent que notre pauvre peuple est inconvertissable sont bien eux-mêmes sur ce point les pécheurs les plus endurcis du royaume de France et autres lieux.

Je laisse parler l'abbé Laroque :

« J'ai une bonne nouvelle a vous apprendre, disais-je à un condamné du bagne, l'on m'a dit que vous deviez être porté sur le tableau des graciés. — Mais, Monsieur, on est trop bon pour moi, je suis un grand coupable. Dieu m'a ouvert les yeux, et a daigné me pardonner ; mais il me reste à faire une rude pénitence.

« Ma captivité sera cette expiation, trop heureux de mourir ici, pour être plus sûr d'aller au Ciel !... — Ce sont là, lui dis-je, de bons sentiments, sans doute, mais quand la liberté se présentera, il faudra l'accueillir avec joie !

« Non, non, dit-il, et de ses yeux tombent de grosses larmes. Je demande une seule grâce : j'ai soixante-quatre ans, je suis célibataire, que ferais-je de ma liberté ? elle ne serait pas la pénitence. Il y a tant de pères qui seraient si heureux de retrouver leur femme et leurs enfants ! Je vous en prie, monsieur l'abbé, faites-en porter un à ma place. »

Mais c'est surtout chez les invalides que se trouvent des traits charmants, et il les raconte avec un entrain et en un style qui sentent l'homme qui sait son monde par cœur.

« Un invalide était sur le point de mourir, dit-il ; il avait refusé opiniâtrément les secours de la religion et repoussé deux aumôniers.

« Averti par une de nos sœurs de charité, j'allai auprès du lit du malade, et là s'engagea le dialogue suivant :

— Eh bien ! mon brave, comment cela va-t-il ?

— Ça va, que je vais au Montparnasse (1).

— Bah ! et le sac est-il fait, le fusil est-il en état, êtes-vous prêt à passer l'inspection du bon Dieu ?

— Écoutez, monsieur l'abbé, ne me parlez pas de cela. J'ai déjà envoyé promener les deux autres. Vous êtes un brave homme,

(1) Au cimetière.

vous avez servi, je ne veux pas vous faire de peine.

— Allons, vous ne voulez pas vous confesser. Alors, assez causé. N'en parlons plus. Parlons d'autre chose. Avez-vous servi l'empereur?

— Je crois f... bien, et j'ai perdu une jambe à son service.

— Savez-vous ce qu'il est devenu?

— Il est mort à Sainte-Hélène.

— Savez-vous lire?

— Non.

— Tant pis, car j'irais vous chercher un livre dans lequel vous verriez que l'empereur, avant de mourir, a voulu recevoir les sacrements, qu'il s'est confessé.

— Ah! ..

— Seriez-vous bien aise de revoir l'empereur?

— Oh oui! Pour cela je donnerais bien mon autre jambe et dix francs que j'ai dans ma bourse.

— Eh bien! mon brave, si vous voulez revoir l'empereur, il n'est question de jambe ni d'argent... Il faut se confesser.

— Je ne comprends pas.

— Si vous voulez revoir l'empereur, il faut suivre le chemin qu'il a suivi... De quel pays êtes-vous?

— Des environs de Toulouse.

— Eh bien, si l'empereur et vous, vous partiez de Paris, lui pour Strasbourg et vous pour Toulouse, pourriez-vous vous rencontrer en route?

— Ah ça! vous vous moquez de moi? Comment diable pourrais-je le rencontrer, nous nous tournerions le dos!

— C'est bien mon avis. Alors, si vous ne vous confessez pas, vous ne le reverrez jamais, puisque vous ne suivrez pas le chemin qu'il a pris.

— Voyons, ce que vous me dites là, n'est-ce pas une blague?

— Non, mon ami, non.

— Eh bien, confessez-moi, pour que je puisse voir l'empereur et le bon Dieu aussi. »

L'intention n'était pas des plus parfaites, mais il est si facile de la purifier. On conçoit l'intérêt que les ouvriers prennent à ces narrations, et combien il est possible après cela de leur glisser de salutaires instructions. Qui sait même si ce trait ne pourrait pas servir à ramener à Dieu quelqu'un des vieux débris de nos armées, encore si nombreux en France, et à assurer à ces vieux braves le repos et la gloire d'une meilleur vie.

Voici encore un autre trait qui est bien écouté. Hélas! plus d'un auditeur peut-être se trouve coupable du même péché! Dieu veuille qu'il finisse de même!

« Un autre invalide se grisait régulièrement tous les jours ; or, il avait le vin dévot, et quand je le rencontrais, dit encore l'abbé Laroque, il voulait toujours se confesser.

« Un jour il y mit plus d'insistance. Vous confesser, vous, lui dis-je? Non, à moins que vous n'acceptiez la pénitence que je vais vous donner.

— Oh, si c'est pas trop difficile, je veux bien.

— Ce sera de ne pas boire de vin pendant huit jours.

— Pas possible... si je promettais je ne tiendrais pas à ma parole.

— Eh bien! pas de confession. Quand on a la gangrène à une jambe, il faut couper l'abatis pour conserver la place d'armes. C'est huit jours sans vin, ou rien.

« Je rentre chez moi. Une demi-heure après on sonne. C'est mon invalide qui me tend la main en disant : Allons, vous êtes un bon enfant. Moitié eau, moitié vin, voulez-vous ?

— Accepté.

« Il se corrigea, retomba deux fois en trois mois dans sa faute, et, quelque temps après, atteint d'une fluxion de poitrine, il reçut avec piété les derniers sacrements, et mourut dans les plus consolantes dispositions. »

Un autre orateur bien aimé du peuple, c'est M. l'abbé Ledreuille ; il le connaît et il en est connu. Longtemps il a vécu au milieu des ouvriers, et même avant d'être prêtre, il a travaillé activement à la formation de la Société de Saint-François-Xavier.

L'abbé Ledreuille a deux grandes forces, qui découlent l'une de l'autre ; il connaît le peuple et il l'aime, aussi sa parole incisive et paternelle atteint même ces vigoureuses natures âpres au travail, mais aussi âpres au mal, à l'émeute peut-être...

La première condition pour faire du bien au peuple est de le connaître, or cette science est rare, très-rare aujourd'hui, surtout chez les gens instruits ou qui sont censés l'être. On étudie tout, que ne sait-on pas en France? On sait tout, tout excepté le peuple français; on s'en tient à la superficie, on le voit aller, venir, travailler, jurer, parler haut, se griser, et on s'écrie avec aplomb: Ces gens-là, je les connais; si vous les connaissiez comme moi; vous n'en tirerez jamais rien de bon; c'est moi qui vous le dis.

Heureusement pour le peuple qu'il y a un fait consolant pour lui: c'est que tous ceux qui le voient de près l'estiment et l'aiment, absolument le contraire de ce qui se passe souvent ailleurs. Demandez aux chefs d'usines intelligents et chrétiens, demandez aux sœurs de charité qui ne sont pas toujours en rapport avec la partie la plus saine de notre population, et on vous répondra: Vraiment ces pauvres gens ne sont pas aussi méchants qu'on le pense.

Chose étrange, le peuple l'a deviné; quand il entend quelqu'un qui sait sa vie, ses travaux, ses douleurs et même ses faiblesses, il y a un instinct qui lui fait faire ce raisonnement: Cet homme nous connaît, donc il nous aime, donc il faut l'aimer, donc il a raison!

donc il faut l'écouter... et puis bravo!.. très-bien!.. vive!.. Le cœur est enlevé.

C'est ce qui arrive à M. l'abbé Ledreuille : il paraît, il n'a pas encore ouvert la bouche, et déjà on applaudit. Ce qui ne l'empêche nullement de jeter à la face de ces hommes, de fortes et bonnes vérités qui provoquent de nouveaux applaudissements.

Un autre talent de M. Ledreuille, c'est de savoir créer des apôtres parmi les ouvriers. Un seul ouvrier a converti plus de cent hommes à lui seul. Les ouvriers savent bien mieux que nous le langage dont il faut se servir ; ils ont des arguments à eux où il y a bien parfois plus d'un péché contre la logique, mais qu'importe? à moins pourtant que les coups de poing ne viennent confirmer la harangue, ce qui s'est vu. L'homme du peuple aime cet apostolat!

Un jeune soldat va un jour se confesser et dit à son confesseur : C'est votre air franc qui m'a converti ; moi, j'y vais tout droit, je suis Breton. Ce langage plut singulièrement au prêtre. Quel est votre grade, lui dit-il?

Mon père, je suis caporal, et encore je ne le serai bientôt plus... mon congé va finir.

Ah! vous êtes caporal. Eh bien! moi, je vous ferai capitaine de recrutement... il me faut des hommes...

Mon père, ou plutôt mon colonel, vous en aurez...

Quelques jours après, le prédicateur, en descendant de chaire, voit son soldat qui lui crie :

Mon colonel... voilà des hommes; voilà trois braves... mais ils ne veulent pas être confessés comme des femmes... Confessez-les par le gros et non par le menu...

Et, pendant que le prêtre les confessait, il était là les disposant et les disciplinant de son mieux. Le moyen après cela de n'être pas sage pour son propre compte... Vous avez un ouvrier qui ne va pas très-bien; s'il a de l'intelligence et du cœur, donnez-lui deux ou trois mauvais sujets à convertir, c'est le plus sûr moyen de lui faire faire de rapides progrès dans la vertu.

La parole de M. Ledreuille est nette, incisive, populaire, gaie, puissante, et parfois entraînante; quelquefois il arrange une vérité en petit drame, tout rempli d'intérêt, et capable de fixer l'attention de l'auditoire... Ainsi, voici sa manière de combattre un des grands péchés du peuple, l'envie, l'amour de la richesse.

« Mes amis, vous dites : Les riches sont des gens heureux... si j'étais donc riche, je ne travaillerais plus, je serais heureux aussi. Vous vous trompez, les riches doivent tous travailler en leur façon, sous peine d'être malheureux ; nous sommes tous des ouvriers, nous devons tous travailler, sous peine de traîner sur la terre une misérable existence... Aussi la plupart des riches se condamnent au travail, et parmi eux il y a tant d'hommes si admirables, si bons ; je les aime de tout mon cœur...

Mais le riche qui ne veut pas travailler, savez-vous ce qu'il fait du matin au soir ? il s'ennuie, il bâille...

Le matin, il a à peine commencé à s'habiller qu'il s'arrête ; il est si fatigué ! Il tiraille en tous sens ses pauvres membres, et il bâille...

Après cela il faut se mettre à sa toilette ; c'est une grosse affaire. Il entre dans son cabinet de toilette, vraie boutique de parfumerie ; il regarde tout cela, et il bâille...

Vient le déjeûner ; il se rend à la salle à

manger, il regarde les mets servis, il ne sait lesquels choisir ; il n'a pas faim, le pauvre homme, et il bâille...

Après le déjeûner il prend un journal, il le parcourt ; ah ! la politique, ce n'est guère amusant : alors plus que jamais, il bâille.

Vers midi, une heure, il faut sortir, et il se dit : Où vais-je aller aujourd'hui ? chez madame une telle ? ce n'est pas possible, elle est aux eaux. Allons chez monsieur un tel... à propos, il est à la campagne ; et il bâille.

Faute de mieux il accepte la promenade publique ; il rencontre un ami digne de lui, on se serre le bout du doigt de peur de se faire mal, on met la main au petit bout de son chapeau, on se regarde, et puis ensemble, à qui mieux mieux, on bâille...

Il va ensuite s'asseoir sur une chaise, il ajuste ses pieds dans les bâtons d'une autre chaise, il se met à l'aise, il ne pense à rien, regarde en l'air ou mord la pomme de sa canne, et puis il bâille.

Le soir il va au théâtre, s'étend dans sa loge, examine, écoute, et il bâille.

Après cela il rentre chez lui bien tard ; il

est fatigué, il a besoin de dormir, et il finit par où il a commencé, il bâille.

Voyez l'ouvrier : lui, il se lève prestement et s'en va de grand matin à son travail, il chante ou il siffle.

Le déjeûner arrive, il n'examine pas longtemps les mets qu'il va choisir, il n'y en a que d'une espèce; il ne bâille pas, celui-là, il mange et de bon appétit, et ainsi de suite pour le reste de la journée.

Mes amis, ne soyez donc pas malheureux de votre position ; ne dites pas : Si j'étais donc riche pour me reposer ! Le travail est un bienfait. Oh ! non, ne portez pas envie aux riches, remerciez Dieu de ce qu'il a fait pour vous.

Les riches ont leurs avantages, vous avez les vôtres... Les riches ont des jouissances, vous en avez aussi. Gardez-vous de leur porter envie. Croyez-moi, vous n'êtes pas les plus mal partagés ; mes amis, deux bons bras, de la probité, de l'honneur et un cœur dans une poitrine, voilà tout ce qu'il faut pour faire un enfant gâté de la Providence... »

Nous avons fait connaître quelques orateurs ecclésiastiques, maintenant nous allons faire connaître quelques-uns des orateurs laïques qui veulent bien apporter aux réunions ouvrières la charité de leurs bonnes paroles.

Ici, il ne s'agit nullement pour les laïques de prédication dans une église : le plus souvent ces messieurs ne traitent pas les questions religieuses : ils se contentent de traiter les questions de morale, plutôt au point de vue du temps qu'au point de vue de l'éternité. Autant que possible, les réunions ont lieu dans une chapelle particulière ; le prêtre est simplement en soutane, et les orateurs sont rangés autour d'un bureau, absolument comme à une distribution de prix. Dans l'église, ils viennent s'asseoir au banc-d'œuvre, et se trouvent en face des ouvriers placés dans la nef.

La parole de l'orateur laïque est souvent plus efficace sur les ouvriers que celle du prêtre. La vue de ces hommes instruits et bien posés dans le monde, venant s'asseoir au milieu d'eux, les touche profondément et les relève à leurs propres yeux. Ils ne peuvent plus penser que l'on fait un métier. Le laïque peut dire beaucoup de choses qui sont interdites aux prêtres ; ainsi un de ces orateurs parlait, il y a quelque temps, à ces ouvriers, de la manière de marier leurs fils et leurs filles, et il entrait dans des détails tout remplis d'utilité, mais que n'eût pu aborder la parole sacerdotale.

L'orateur laïque est le catéchiste du prêtre.

Chez les païens, chaque missionnaire a son catéchiste... Oh ! des païens, nous n'en manquons pas en France, et il y a une foule d'hommes chez nous, en bas et en haut aussi, qui ne sont guère plus forts sur les choses du christianisme que les Caffres ou les Chinois. Cette ignorance est vraiment comique et humiliante pour notre civilisation.

Un homme allait se confesser pour son mariage. En fait de religion, il avait retenu une chose, c'est que dans l'église on ne doit pas tourner le dos à l'autel. Or, le confessionnal se trouvait au bas de la nef; il s'en va donc se placer simplement à rebours dans ce confessionnal, ajuste avec peine derrière lui ses deux grandes jambes ; de plus, sa figure se trouvait enveloppée dans un énorme rideau, de sorte que, quand le prêtre arrive, le pénitent, au lieu de commencer sa confession par : Mon père, bénissez-moi ! commence par dire : *Oh diable ! que l'on est mal dans votre boîte !*

Un autre ouvrier se présentait au confessionnal. Pour éviter la confusion, on avait distribué des numéros d'ordre. Notre ouvrier avait reçu le numéro 42. Après qu'il eut longtemps attendu, on vint lui dire : C'est à vous. — Non, répondit-il, pas encore, *je ne suis que le quarante-deuxième péché.*

Eh ! mon Dieu, il y en a même qui ne sont pas baptisés... On a trouvé une génération tout entière qui n'avait pas reçu le baptême : le grand-père, ses enfants et ses petits-enfants.

Quelqu'un grondait un brave chiffonnier, non baptisé, à 65 ans, de ce qu'il avait trop *cultivé* le petit verre. — Que voulez-vous, répondit-il, il faut bien qu'on ait des consolations dans la vie ?

— Singulière façon de se consoler ! —

— Je vous demande quelle consolation peut avoir un chiffonnier, si ce n'est le petit verre ! A présent, c'est différent, j'ai Dieu et la religion ! mais autrefois j'entendais si peu parler du bon Dieu, que je ne savais plus même s'il en était encore question.

Il est vraiment nécessaire, à défaut d'ordres religieux plus développés, que les laïques nous aident à chasser cette déplorable et honteuse ignorance.

Le plus connu de ces orateurs laïques est M. Gaillardin, professeur d'histoire au lycée Louis-le-Grand, et auteur d'une histoire de l'abbaye de la Trappe. Il est président de l'œuvre Saint-Sulpice et de l'œuvre de Saint-Laurent. M. Gaillardin donne presque toutes ses soirées du dimanche aux ouvriers, et il lui arrive parfois de parler dans trois ou quatre réunions le même jour, dévouement vraiment admirable pour un homme qui a parlé toute une semaine à ses élèves! La parole de M. Gaillardin est grave, sérieuse, soutenue, un peu magistrale, on sent le professeur; mais elle a cette netteté, cette force et cette limpidité qui font dire à l'ouvrier: *Pourtant c'est vrai, il a raison.* Ainsi, un homme passe dans la chapelle où il parle; la première fois, il l'écoute en lui tournant le dos à moitié; la seconde fois, il le regarde en face; la troisième fois, il prend une chaise; la quatrième fois, il vient demander une carte pour faire partie de la société de Saint-François-Xavier.

M. Gaillardin n'écrit pas ordinairement ses harangues aux ouvriers; néanmoins, nous avons sous les yeux un de ses discours, dont l'auditoire a demandé l'impression.

C'était dans le quartier Saint-Martin, il s'agissait de l'inauguration de plusieurs sociétés de secours mutuels. Il y avait là environt quinze cents hommes, hardis travailleurs, natures vigoureuses et ardentes. Il pouvait bien se trouver parmi ses auditeurs quelqu'un qui avait plus d'un péché de barricade à se reprocher; n'importe, il aborda franchement la question charitable au point de vue religieux, et toujours il fut attentivement écouté, très-souvent applaudi...

Nous allons citer quelques passages de ce discours pour donner une idée de sa manière...

« ..... Messieurs, dit-il, le diplôme que vous allez recevoir sera le drapeau de la Société confié à la garde de chacun, et vous savez ce que c'est que l'honneur du drapeau. Dans l'incomparable guerre d'Italie de 1796, deux demi-brigades avaient fléchi tout à coup devant les Autrichiens. Le général Bonaparte les passa en revue après leur déroute, et les regardant d'un œil sévère, il leur dit : « Soldats, je ne suis pas content de vous, vous n'avez montré ni courage ni dicipline ; vous avez cédé au premier choc... Soldats de la 93 et de la 37ᵉ, vous n'êtes pas des soldats français ; qu'on me donne ces drapeaux et que l'on écrive dessus : « Ils ne sont plus de l'armée d'Italie. » Et, après ces paroles (c'est lui-même qui le raconte), il se fit dans tous les rangs un silence formidable ; puis les armes tremblèrent sur les bras des vieux soldats ; puis enfin tous s'écrièrent : « Général, mets-nous à l'avant-garde, et tu verras si nous sommes de l'armée d'Italie... » Quelques jours après, ils emportaient, au pas de course, la victoire d'Arcole et préludaient au triomphe de Rivoli... (Applaudissements redoublés).

« Messieurs, nous ne sommes, ni vous ni moi, de l'armée d'Italie, et tant mieux ! car la paix est toujours préférable aux gloires douloureuses de la guerre. Mais, pour répéter un mot fameux, nous sommes, vous et moi, les soldats d'une grande conquête pacifique...

« ..... Autrefois on ne faisait rien ou presque rien pour les femmes en fait de secours mutuels. D'où vient, Messieurs, cette exclusion? Nous sommes ici en famille (car tous ceux qui appartiennent aux Sociétés de secours mutuels sont frères); disons-nous donc nos vérités en famille. Nous avons pour nous une estime, une préférence singulière, nous aimons à faire sentir notre supériorité; nous aimons à nous croire lions, et nous nous faisons volontiers la part du lion; quand nous sommes contents, il faut que tous les autres le soient, et quand nous avons pris pour nous la grosse part, nous trouvons tout simple que les autres aient assez de nos restes. Et pourtant, à qui devons-nous notre bien-être, nos économies mêmes, n'est-ce pas à la femme? Vous le savez bien, vous pour qui la véritable vie et le repos, c'est le retour au foyer domestique, les prévenances d'une femme dévouée, les enfants rendus aimables par les soins de la mère, le repas préparé à propos, le ménage toujours tenu en bon état. Ignorez-vous qu'elle a pris pour elle la moindre part, afin de vous réserver la bonne, profitant de votre absence pour vous dissimuler son dévouement? Et pendant que vous dormez, elle, souvent, elle veille, l'aiguille à la main, les yeux mal éclairés par une lumière vacillante, les pieds à peine garantis du froid, et prépare la modeste toilette qui doit (passez-moi le mot, je l'aime parce qu'il est chrétien), qui doit vous *endimancher*, donner à votre corps un rafraichissement salutaire, et être pour vous et pour les autres le signe extérieur et sensible du repos mérité par le travail, et de l'indépendance que vous fait le repos. (Applaudissements unanimes).

« ... Messieurs, je ne vous remercie pas de vos applaudissements, je vous en félicite bien plutôt. En les donnant à l'éloge de la vertu, vous les méritez mieux que ma parole. (Nouveaux applaudissements).

« Il y a deux sortes d'égalité : il y a l'égalité qui rabaisse, qui place son niveau tout à fait en bas de la société, et qui s'efforce d'y faire descendre tout ce qui s'élève au-dessus. C'est l'égalité de l'injustice, l'égalité des envieux et des incapables. C'est la mauvaise égalité. Mais il y a l'égalité qui relève, qui place son niveau dans les hautes régions et qui invite de monter de degré en degré tous les hommes capables, tous les hommes de bonne volonté. Voilà la bonne égalité. Elles ont toutes deux été bien définies par ce mot d'une femme d'esprit : « Je n'aime pas l'égalité qui coupe les pans aux habits pour en « faire des vestes ; j'aime mieux l'égalité qui « met des pans aux vestes pour en faire des « habits. » (Hilarité générale). Or, Messieurs, c'est cette bonne égalité que la Société de secours mutuels vous assure. Elle met l'ouvrier en rapport avec des hommes d'une condition supérieure à la sienne, et qui ne s'approchent de lui que pour rendre son sort meilleur, pour lui donner une plus haute idée de lui-même. Vous ne me démentirez pas ; car c'est un aveu que j'ai recueilli plus d'une fois de la bouche des ouvriers : « Quand j'ai trouvé, disent-ils, de la bienveillance, des procédés aimables, de l'intérêt personnel dans un homme plus haut placé que moi, je me suis senti relevé; et j'ai cru grandir dans ma propre estime, quand j'ai vu que je comptais pour quelque chose dans l'estime des autres. » (C'est vrai ! c'est vrai !)

Un autre orateur laïque toujours prêt à faire la charité de sa parole et attentivement écouté des ouvriers, c'est M. Raymond Brucker.

Brucker paraît taillé pour agir sur les masses ; enfant du peuple, il en a les qualités et les défauts. Il est peuple par le cœur, mais lettré par la parole... Il impressionne vivement, il étonne, bouleverse et entraîne, sa puissance lui vient de sa franchise, de sa foi et de sa conviction.

Nous allons l'étudier un peu parce que sa manière est toute française, ce qui est beaucoup plus rare qu'on ne le pense. Aujourd'hui on est souvent dans sa parole, grec, romain, scolastique, anglais, allemand ; homme de convention, être composé de pièces et de morceaux ; rien du tout, à moins qu'on ne soit ennuyeux. Tandis que cette parole devrait, avant tout, être et rester française, c'est-à-dire conserver verve et cœur.

Brucker a de l'entrain, de la repartie, de l'originalité, du feu, de l'audace ; il jouirait d'une grande puissance, s'il se possédait lui-même, mais de temps en temps son imagination l'emporte, et s'il passe une idée étrange, scabreuse, il se ferait un cas de conscience de ne pas la saisir pour la jeter à la face de son auditoire.

Il aborde sans broncher les questions les plus délicates, et vraiment parfois il vous met dans l'embarras.., on ne sait trop comment la chose va finir. Un jour parlant aux ouvriers, il leur dit : « Mes amis, vous avez souvent entendu mal parler de ceux qui font profession de pratiquer la religion, voyons ce qu'il faut penser de ces discours. Commençons d'abord par les prêtres...

« Vous avez entendu dire que les prêtres ne font pas tout ce qu'ils prêchent; ah ! je l'ai bien entendu dire aussi..... Ma foi tant pis pour eux, ne vous en inquiétez pas... Ils savent mieux que qui que ce soit ce qu'ils ont à faire, le bon Dieu les tancera. Passons à autre chose.... » Il était temps...

Un mot sur la vie de Brucker nous fera mieux comprendre son talent et les services qu'il peut rendre, et plus d'une fois nous aurons occasion d'admirer la miséricorde du bon Dieu...

M. R. Brucker fut d'abord ouvrier éventailliste dans le faubourg du Temple, puis il devint un des rédacteurs du *Figaro*. Il apporta dans cette feuille beaucoup d'esprit et toutes les passions du moment mêlées aux siennes. A la révolution de juillet le journaliste Brucker, transformé en... farouche et en garde national, demandait, à Vincennes, la tête de M. de Peyronnet, avec lequel, par parenthèse, il s'est lié plus tard, cette tête poétique qui fait de beaux vers et qui, dernièrement, en envoyant son portrait à son ennemi mortel devenu son ami jusqu'à la mort, écrivait ce quatrain tourné avec la grâce qui ne l'empêche pas d'être un homme d'État, en terre de France :

> J'entends encore l'hymne infernal,
> J'entends hurler ta voix impie;
> Tu demandais l'original :
> Contente-toi de la copie.

De 1830 à 1836, Brucker jeta dans la publicité plus de trente volumes dont il regrette aujourd'hui le fond et souvent la forme.

Il se convertit en 1836, mais chez lui la conversion fut complète. « Le christianisme, dit une notice, incendia de vérité cette tête qui avait brûlé comme une paille sèche tant de philosophies et de systèmes. Dévoré d'un zèle d'apôtre, il se servit, dans l'intérêt de sa foi nouvelle, de ce merveilleux don de parole improvisée qui est sa vraie force, sa plus incontestable supériorité. Pendant sept ans, toutes les semaines, il fit un cours de catholicisme à l'Athénée, à propos de toutes les questions philosophiques, politiques, sociales. C'est là qu'il fut réellement le Diderot chrétien, comme nous nous obstinons à l'appeler. Verve, éclat, mouvement, brusqueries d'aperçus, crâneries d'expressions toujours heureuses, magnificences de développements et d'horizons, superbes insolences de gladiateur, immense plaisanterie qui couvrait tous les persiflages, qui bernait dans la peau de lion d'Hercule les pygmées de l'ironie voltairienne, il exposa dans tous les sens, à la lumière, des questions contemporaines, et pour en varier les feux et les nuances, tous les joyaux d'un des plus étincelants écrins oratoires qui furent jamais. Ceux-là, même ses ennemis, qui ont assisté, ne fût-ce qu'un jour, à cet enseignement de sept années, ne peuvent l'oublier. »

En effet, chez M. R. Brucker, la conviction chrétienne est si grande qu'il voudrait la faire passer dans toutes les âmes.

Il y a quelques années, il avait entrepris de convertir les jeunes artistes qui suivaient les leçons de musique de Delsarte, un autre chrétien ardent. Après la leçon, il parlait sur la religion, et longtemps il parla dans le désert.

Le découragement commençait à le prendre, quand un jour, réfléchissant à ce qu'il allait dire à ces jeunes hommes, il lui vint une inspiration : « Bon ! s'écrie-t-il, j'ai trouvé, j'ai mon affaire, je sais ce que je vais leur dire, je vais leur faire ma confession, ils sauront tout... puis nous verrons... »

Le voilà, en effet, qui se confesse devant ces jeunes artistes ; il leur dit ce qu'il a été et tout ce qu'il a fait. La confession était un peu chargée...

« J'ai été tout, leur dit-il ; j'ai été homme du progrès, de la liberté, héros de juillet, fouriériste, le diable et toute sa suite... » et il termina ainsi :

« Vous autres, je vous connais bien, je lis dans vos âmes... Je sais ce que vous voulez... vous voulez de la gloire, vous voulez de l'argent, vous voulez du plaisir, et avec cela vous croyez que vous serez heureux. Pauvres innocents !... Des plaisirs, j'en ai plus dévoré que votre imagination n'en peut rêver... De la gloire, des applaudissements, j'en ai été comblé... De l'or, j'en ai tant vu à mes pieds... J'en ai dépensé de cet argent !... et toujours j'ai été malheureux, misérable... Je ne suis heureux que depuis que je suis chrétien, que je me suis confessé... et vous serez tous des malheureux aussi, tant que vous n'en viendrez pas là, C'est pourquoi... vous vous confesserez tous... demain... au P. Ravignan... entendez-vous?.. »

Sa parole chaleureuse, son accent de conviction avaient bouleversé ces jeunes hommes, et on prit en masse la résolution de se convertir.

Le lendemin matin, Brucker arrivait chez les pères jésuites avec deux voitures chargées de néophytes...

Il était encore dans le corridor, que déjà il criait au P. de Ravignan : Le bon coup de filet! mon père, douze d'un seul coup! Le révérend Père ne savait pas du tout ce dont il s'agissait... quand il vit cette masse de grandes barbes entrer dans sa chambre où il ne se trouvait que deux chaises à leur offrir; il craignit un moment qu'il ne fût question d'un enlèvement; mais bientôt il se rassura; Brucker lui expliqua qu'il était question d'une conversion... et qu'il fallait vite se mettre en mesure de confesser ces enfants prodigues.

Cependant, l'un d'eux fit une réflexion : Mon Père, dit-il, nous allons nous confesser...

maisilyenaparminousqui chantent à l'Opéra.

— Confessons-nous d'abord, répondit le P. de Ravignan, et nous parlerons de l'Opéra ensuite.

Ils se confessèrent en effet, et Brucker resta auprès d'eux, les disposant à cette bonne action, et ne se retira que quand le dernier d'entre eux eut versé son âme dans l'âme du prêtre, et tous s'en retournèrent contents, heureux.

M. Raymond Brucker a presque toutes les qualités qui plaisent en France; sa parole est vive, franche, mordante, décidée, audacieuse; il a parfois de ces mots incisifs qui incarnent fortement une vérité et la rendent palpable même aux masses. Pour faire un homme, dit-il, il faut de la tête, du cœur et des bras. Le peuple ira prier le dimanche à l'église, ou bien il ira chercher son Dieu au cabaret, sous les espèces du vin bleu. — Sans le dimanche, pas de peuple. Il n'y a que des individualités égoïstes. Le peuple, c'est le père, la mère et 'enfant; la profanation du dimanche est le système cellulaire du travail.

M. Brucker a la foi et l'espérance, mais la charité, je ne sais si elle paraît toujours dans sa parole, à moins que ce ne soit la charité dont il est dit : *Qui aime bien, châtie bien.* Si vous êtes orné de quelque préjugé, prenez garde de tomber sous sa main, ou plutôt sous sa parole, il ne va pas vous ménager... Il est rempli de pitié pour les pauvres des biens de la terre... mais pour les pauvres des biens de la vérité, surtout quand ils se drapent dans leurs haillons, il est sans miséricorde.

Un jour, après sa conversion, il fut rencontré par un de ses anciens amis, qui faisait profession de ce banal spiritualisme qui rejette le surnaturel, pour cause... « Et comme cela, dit-il à Brucker, tu crois tous les articles du symbole ?

— Tous.

— Tu crois à l'incarnation ?

— J'y crois. C'est le premier anneau de la chaîne.

— C'est fort. Moi, je la repousse, il me suffit de penser que je porte Dieu dans mon cœur.

— Dieu dans ton cœur, à toi !... Comment tu ne veux pas admettre l'incarnation de Dieu, et tu admets son *encanaillement* !... Quand Dieu descend chez nous, il se choisit un domicile propre dans toute la rigueur du mot.

Lui ! descendre dans ton cœur... il ne serait pas dégoûté... Pour ma part, moi qui te connais, je ne voudrais pas descendre dans ton âme, sans être muni *d'un bon flacon de vinaigre des quatre-voleurs*. »

Voilà de la verve, mais c'est trop mordant... Pour bien parler au peuple, et à tout le monde en général, il faut deux choses : la verve gauloise et la charité évangélique. Prenez la verve de M. Brucker, et assaisonnez-la de beaucoup de charité.

Brucker aime le mouvement, les réunions populaires, les discours chauds et vibrants, il ne pouvait laisser passer les clubs de 1848 ; il alla partout, et partout il porta sa foi et son courage. Sa position fut parfois critique, souvent il triompha à force d'audace et de bons mots.

Dans l'effervescence des premiers jours de la révolution, on essayait de former un club rue de Charonne, au faubourg Saint-Antoine.

Lorsqu'il s'agit de choisir un président, la réunion fut fort exigeante, on expulsait tous les candidats les uns après les autres...

Brucker était là, il monte à la tribune. « Citoyens, dit-il, pas tant de sévérité, je vous le conseille ; si vous vous épluchez avec tant de rigueur, vous allez vous jeter tous à la porte. »

Son expression fut plus pittoresque; alors une masse de voix lui crie : Expliquez vos expressions, ou retirez-les sur-le-champ... ou nous verrons...

— Qu'ai-je à retirer, répondit-il, pourquoi nous en faire accroire ? Je fais appel à votre bonne foi : tous, tant que nous sommes ici, nous avons bien, que diable, deux ou trois ailes de mouche sur la conscience, il suffira d'y regarder avec un microscope si l'on ne veut les voir se métamorphoser en ailes de moulin à vent.

Toutes les voix se réunissent, on le nomme d'emblée président.

M. Brucker connaît parfaitement le peuple français, il sait la valeur d'un bon mot, d'une fine et preste répartie, à ses yeux, et il sait aussi la manière de s'en servir.

C'était dans un autre club, les mauvaises passions y dominaient. Brucker monte à la tribune et fait une profession hardie de foi catholique ; il fut accablé de sarcasmes et de vociférations, de sorte qu'il s'était retiré dans un coin, croyant avoir parfaitement perdu son temps.

Pour comble de malheur ou par bonheur, un autre orateur monte à la tribune, et essaie d'abîmer Brucker de son mieux : « Il s'en vient, dit-il, faire étalage de sa foi... qu'avons-nous besoin de cela, et puis est-ce que nous ne sommes pas tous chrétiens ? Sans doute, nous n'avons pas besoin de toutes leurs simagrées. Pour moi, je suis chrétien, mais sans *pratique*! »

A ce mot Brucker se lève et apostrophe ainsi l'orateur :

— Citoyen, quel est votre état ?

— Cordonnier, citoyen.

— *Sans pratiques*, répartit Brucker.

Il y eut une explosion de cris, de bravos. Le succès fut complet, et le pauvre orateur fut obligé de descendre de la tribune et de remettre son éloquence à une autre fois.

On conçoit qu'avec cette manière, il soit très-heureux de temps en temps, au moins dans ses allocutions aux ouvriers ; il a parfois des inspirations vraiment éloquentes, mais il ne sait pas diriger et contenir son talent. C'est une mine dans laquelle d'autres peuvent trouver des trésors ; il a de ces tours hardis et neufs qui dominent les masses et leur font dire : *C'est vrai, c'est vrai, il a raison.*

« Souvent vous vous plaignez, leur dit-il, vous dites : Le monde est si exigeant et si dur aujourd'hui, on abuse, et on nous exploite...

« L'exploitation de l'ouvrier... qui en a donné l'exemple? Vous-mêmes, vous tous les premiers...

« Il y a un ouvrier qui travaille pour vous ; il travaille sans cesse, il travaille le jour et même la nuit... Il vous fait du bois, du vin, du pain, des vêtements, des forces, du temps, de la vie... Il travaille bien celui-là... il est bon ouvrier, celui-là. Eh bien ! à la fin de la semaine, il vient vous tendre la main, vous demander son salaire... une petite prière pour lui, un peu de repos pour vous... Et vous le repoussez, vous lui retenez son salaire... Vous lui dites : Va-t-en, tu n'auras rien, toi... si ce n'est des blasphèmes et des moqueries... à la rigueur, de temps en temps une petite messe...

« Et vous vous plaignez, et vous osez vous plaindre qu'on vous exploite, que les riches sont durs ! Mais qui vous a jamais traités comme vous traitez le bon Dieu ? ... Mais enfin, ses droits ne valent-ils pas les vôtres ?... N'est-il pas aussi respectable que vous ?... L'ouvrier est un être digne, le salaire est une chose sacrée... Payez le salaire de Dieu, et on vous paiera le vôtre... Traitez Dieu avec respect et justice et on vous traitera de même. »

Enfin, dans les réunions d'ouvriers, on fait un petit cours d'hygiène pratique ; là est encore une source de bien pour le corps et pour l'âme aussi.

C'est surtout pour le peuple qu'il est vrai de dire que la santé est le premier de tous les biens. Cependant il la néglige, la maltraite, la détériore sans pitié par l'incurie et les excès de toutes espèces ; aussi est-il usé de bonne heure dans les villes, et devient un lourd fardeau pour les hospices et pour la charité...

Le corps et l'âme sont si intimement liés qu'il est impossible de faire du bien à l'un sans en faire à l'autre ! Une âme logée dans un mauvais corps est généralement une âme mal logée, surtout quand le corps est usé par les excès du travail ou du vin ; dans cette âme les ressorts de la vertu sont brisés ! De plus, avec les conseils d'hygiène, il est facile de glisser des conseils de morale. Ils sont d'autant mieux reçus qu'ils n'ont pas du tout l'air d'un sermon et qu'ils sortent de la bouche d'un médecin, gens qui de nos jours n'ont pas été taxés d'exagération à l'endroit des pratiques de l'Évangile.

Enfin, c'est une occasion de combattre beaucoup de préjugés populaires. L'erreur ne fait jamais de bien au peuple ; on ne devrait lui servir que de vraies et robustes vérités ; or, sur l'article de la médecine, le peuple est largement pourvu de préjugés. A ses yeux, les médecins sont souvent des hommes qui vous affaiblissent par la diète, qui prolongent à dessein les maladies... Le charlatan de la place, voilà son homme ; celui qui guérit par *secret* lui va mieux encore. La vraie médecine n'est pas encore très-populaire en France, ni en bas ni en haut ; pour s'en assurer, il suffit de lire la quatrième feuille des grands journaux : là vous voyez une foule de gens et de remèdes qui vous guérissent infailliblement, d'infiniment de maux, et cela est annoncé à un franc la ligne, preuve que leur boutique de charlatanisme n'est pas du tout mal achalandée, et que la partie la plus éclairée de la nation, comme on l'appelle, pourrait bien les *honorer de sa confiance*, preuve aussi que nous ne sommes pas encore entièrement guéris de la crédulité, voire même de la sottise.

Au premier rang de ces médecins qui se font petits avec les petits, et qui mettent la science médicale à la portée de tous, vient naturellement M. le docteur Massé. Sa parole est claire, vive, caustique, gaie, sa physionomie est bienveillante, et tout amie de son auditoire; aussi sa présence est-elle souvent saluée par les applaudissements; il cause avec les ouvriers, il les amuse, les intéresse et les instruit. Quelques fragments de ses instructions familières donneront à d'autres, nous l'espérons, la pensée d'en faire autant. On a dit: La profession du médecin est une sorte de sacerdoce; c'est ici le moment de justifier ce beau titre, en descendant des hauteurs de la science, ou plutôt en la mettant à la portée des masses. Les ouvriers sont vivement touchés de ces paternels avis, qui leur sont donnés pour leur bien, pour celui de leurs femmes et de leurs enfants.

Voici comment M. le docteur Massé combat les erreurs et les préjugés populaires à l'égard de la médecine.

Son petit entretien a pour titre : *La Lanterne magique.*

Je ne sais si vous avez jamais vu la lanterne magique, mais, certainement, un bon nombre de mes auditeurs, les Parisiens surtout, ont entendu le soir dans nos rues ces hommes nantis d'un orgue de Barbarie, et qui, de distance en distance, annoncent des :

— Pièces curieuses à voir !

Quand une réunion de famille ou d'amis se laisse prendre à cette criarde proposition, on appelle, et l'homme à la lanterne arrive bientôt avec sa musique.

Alors on tend un grand drap blanc sur une muraille, on illumine la fameuse lanterne, on éteint toutes les autres lumières :

— Vous allez voir... ce que vous allez voir !

Le spectacle est commencé. Piétons, cavaliers, paysages, tout défile sans ordre et sans symétrie. Sans ordre, j'appuie sur ce mot, car maintes fois le déluge passe avant la création, et je me rappelle un tableau de lanterne magique où le gibier courait derrière le chasseur ! Eh bien ! mes chers amis, je vais vous donner un spectacle analogue : — Je n'ai pas une lanterne magique à faire surgir de terre, mais chacun de vous voudra bien en prendre une dans son imagination ; il l'éclairera avec son intelligence ; moi, je ferai passer les tableaux et je donnerai les explications.

Commençons.

PREMIER TABLEAU.

L'avis des commères.

M. Récamier a dit :

« La médecine des commères fait chaque année plus de victimes que les épidémies les plus meurtrières. »

DEUXIÈME TABLEAU.

La visite du médecin.

Enfin on a été chercher le médecin, et il arrive. Parents, amis, voisins, tout le monde assiste à sa visite. Si l'homme de l'art n'aperçoit aucune indication positive, s'il ne voit rien d'énergique à prescrire, il ordonne le repos, une tisane, et il se retire. Dès qu'il est sorti, s'élèvent les récriminations et les commentaires.

— Avez-vous jamais vu un médecin comme cela? il n'a rien ordonné, seulement.

— Ces gens-là, ça ne donne pas grand'-chose, ils veulent prolonger la maladie...

Simon est un domestique lourd, épais bête, mais honnête ; il lui est arrivé une seule fois de vouloir sortir du petit chemin de la probité, et il en a été bien puni.

A la suite d'une maladie qui n'avait pas laissé des traces bien profondes, Simon ne pouvait pas retrouver le sommeil ; il alla en faire la confidence au médecin, qui prescrivit une potion.

Dès la nuit suivante, la potion avait produit un effet merveilleux : l'insomnie était en déroute ; Simon ronfla huit à dix heures de suite. Il rêva pendant son sommeil qu'il était châtelain, millionnaire, ministre, que sais-je, moi?...

— Oh ! la bonne potion, la bonne potion ! se dit Simon à lui-même, en frottant ses deux yeux au réveil ; c'est bien fâcheux que cela coûte quinze sous, je m'en régalerais tous les soirs.

Les nuits se suivent et ne se ressemblent pas. La nuit suivante, en effet, Simon eut beau avaler un reliquat de la merveilleuse potion, il ne put parvenir à clore la paupière.

Quand un malade souffre ou s'ennuie, s'il digère mal ou s'il ne dort pas bien, il en accuse nécessairement le docteur qui lui donne des conseils. C'est aussi injuste que si l'on accusait le laboureur des gros temps et de la pluie, mais c'est admis dans toutes les classes. On aurait beau se récrier, c'est comme cela.

Inutilement le pauvre Simon se tournait à droite, se tournait à gauche, se flanquait sur le ventre ou s'étalait bien sur le dos. Morphée ricanait à sa porte et ne le gratifiait pas du moindre pavot, style élégiaque qui veut dire que Simon ne dormait pas du tout.

— Gueux de médecin ! murmurait le patient à chaque évolution. — Voleur de pharmacien ! grommelait-il avec impatience. Ils ronflent bien à leur aise, eux deux, j'en suis sûr. — Miséricorde ! — La, la, la, la !

Enfin, de guerre lasse, Simon allume sa chandelle et il s'assied sur son séant. Si vous l'aviez vu le front crispé, les poings fermés, le regard fixe, vous auriez dit : Voilà un homme qui médite un crime, c'est évident.

Ce n'était point un crime, c'était tout simplement une sottise.

— Je comprends bien, pensait Simon en grinçant des dents ; le médecin m'a fait dormir la première nuit pour m'allécher, pour me faire prendre patience ; mais ces gens-là ne visent qu'à entretenir les maladies. Ils s'entendent avec leurs apothicaires, comme les voleurs avec leurs recéleurs. Ce brigand de droguiste m'a arrangé ma drogue pour m'en donner d'autres, c'est bien certain. J'irai demain, et je saurai bien leur couper l'herbe sous leurs gros pieds.

Puis il raconte comme quoi le pauvre Simon ayant quadruplé la potion pour mieux dormir et chasser plus vite le mal, courut risque de ne se réveiller jamais.

TROISIÈME TABLEAU.

La nourriture forcée.

Quand le père de famille est malade, la ménagère prend son panier, elle puise une pièce de cinq francs dans la bourse aux épargnes, et elle part pour le marché,

— Son pauvre homme est malade, il ne s'agit pas de songer à l'économie.

Elle revient bientôt avec un bon pot-au-feu, quelquefois même avec un poulet ; on met la poule au pot, et on arrive au lit du malade avec une bonne assiettée de soupe.

— Avale-moi cela, je t'y engage, cela te remettra, j'en suis sûre !

Le malade docile se soumet, et il gagne une indigestion qui, loin de le fortifier, l'affaiblit encore.

Je me rappelle une caricature qui m'a fait rire, parce qu'elle retraçait un ridicule réel, et qu'en riant je ne songeais pas aux résultats dangereux du travers qu'elle représentait.

C'était une femme, en toilette de cuisine, arrêtée sur son carré ; elle causait avec une voisine et tenait à la main une assiette toute pleine dans laquelle une cuillère se tenait debout ; au fond du tableau, on apercevait, par une porte grande ouverte, la tête moribonde d'un malade couché dans un lit. Au bas de la gravure, on lisait ce petit dialogue :

« Eh bien ! votre mari est donc malade ?
— Oui, ma chère, le médecin l'affaiblit avec toutes ses drogues ; mais je viens de lui préparer cette petite soupe aux choux pour le réconforter un peu. »

Cette gravure, mes bons amis, représentait l'erreur trop commune que je viens de combattre à présent.

Dans le quatrième tableau figure l'air renfermé, — et enfin dans le sixième, les maladies négligées, et il termine par ces bonnes et chaleureuses paroles :

Le médecin, mes amis, par position, par caractère, tranchons le mot, par vocation, devient, et si je ne craignais d'employer un mot qui a été bien traîné dans ces temps modernes, je vous dirais que le médecin devient nécessairement l'*ami du peuple.*

Il le connaît d'abord ; il ne l'a point appris sur quelques échantillons de barrière ou de cabaret, il ne l'a point étudié dans les rêveries utopiques des tripoteurs de phrases ni des rhéteurs à tant de ligne ! Il l'a vu chez lui, en confidence, face à face, sa main dans la sienne !

Il a monté cinq, six étages pour arriver à la chambre modeste de l'ouvrier ; vite on lui a offert la chaise la plus propre, voire même l'escabeau de bois ; il s'est assis.

Et voilà que cet étranger est devenu en quelque sorte de la famille : on lui a tout dit, tout confié ; lui a répondu avec son expérience et avec son cœur.

Mes chers amis, on a comparé la médecine au sacerdoce ; on a bien fait, car l'une et l'autre se rapprochent par une frappante similitude.

Aux portes de ce monde, au début de la vie, quand vous ouvrez les yeux à la lumière, vous trouvez là deux hommes préparés à vous recevoir : le médecin qui vous invite à l'existence, le prêtre qui vous admet à la vie chrétienne et catholique par le mystère sublime de la régénération.

Et puis, tout le long du chemin, quand viennent les endroits glissants ou escarpés, les sentiers pénibles ou difficiles, le prêtre et le médecin sont là qui vous prêtent leurs bras ou qui vous tendent la main.

Enfin, au bout de la carrière, au chevet de l'agonie, quand vous allez mourir, oh ! vous avez bien autour de vous une famille en larmes, des amis en pleurs, mais au milieu d'eux sont toujours ces deux étrangers, ces deux amis donnés par la Providence aux gens les plus abandonnés ; le prêtre et le médecin, qui soulagent, qui agissent et qui parviennent à consoler.

En vérité, n'en déplaise aux marchands de phrases de toutes les couleurs, n'en déplaise aux histrions de tous les grades, impassibles au milieu des plaisanteries, debout au milieu des sarcasmes, le prêtre et le médecin sont et seront toujours vos plus véritables amis !

Nous avons longuement parlé des associations d'ouvriers, c'était à dessein. La classe ouvrière, c'est une des parties vives de la France, c'est de son côté que sont venues nos dernières épreuves, c'est elle qui alimente la classe des pauvres, et il faut avouer qu'elle s'en acquitte trop bien. De plus, l'homme est le chef de la famille, le roi du foyer domestique, le modèle de la jeune génération, c'est donc là qu'il faut surtout faire pénétrer la pensée religieuse.

Mais, hélas ! nous sommes dans le siècle des maladies, tout est malade. Les pommes de terre sont malades, la vigne est malade, et nous aussi, nous sommes attaqués d'une bien vilaine maladie.

Les symptômes sont : un amour excessif de nos aises et de notre chère petite personne, un penchant décidé pour une existence bourgeoise, et une crainte exagérée de nous attirer des *désagréments*. Cette maladie a un nom très-vulgaire, elle s'appelle tout simplement la paresse... La paresse, oh ! la paresse, qu'elle nous fait de mal aujourd'hui ! Le serpent de la paresse, certainement une des plus méchantes bêtes de la création, s'est glissé partout. Ce vice, tout implacable qu'il est, ne manque pas de souplesse, il sait se plier à beaucoup d'exigences ; et j'aurais presque envie de dire que la dévotion et la paresse ne s'entendent pas trop mal quelquefois, et finissent par faire assez bon ménage, mais je ne le dis pas pour être en règle avec le vieux proverbe : *Toute vérité n'est pas bonne à dire.*

La paresse est une de ces choses qu'on n'avoue à personne, encore moins à soi-même qu'aux autres. Ici, pour se la bien déguiser, on a deux grandes excuses, on dit : Certainement ce serait une bonne œuvre qu'une association d'ouvriers, nous ne demanderions pas mieux que d'en établir une, nous y avons pensé, nous nous en sommes occupés, *nous en avons causé ;* mais nous n'avons pas d'éléments, pas d'hommes pour parler dans ces réunions, et puis, voyez-vous, aujourd'hui, avec les ouvriers, il n'y a rien à faire !

Il n'y a rien à faire ! c'est bien vite dit, on a bien vite jeté une notable partie de l'humanité dans la voie de la réprobation.

On accuse, et avec raison, les mauvaises passions d'être la cause des maux que nous endurons; mais voilà une de ces passions, il est facile de la reconnaître, elle n'est ni moins sourde, ni moins aveugle, ni moins impitoyable; pour se défendre d'agir, pour se bercer dans sa molle quiétude, elle laissera périr, sans lui tendre la main, toute une classe d'hommes, et celle-là même qui a le plus besoin de la tutelle et des consolations de l'Évangile... Tandis que la foi devrait dire : Ici il y a des âmes, beaucoup d'âmes à sauver, à tout prix il faut les sauver... Mes forces, mes talents, mon temps, ma vie, tout y passera... Au besoin, je saurai tomber sur la brèche... Mais désespérer de Dieu et du salut de mes frères... jamais.

De plus, j'ajoute que ce n'est pas vrai, qu'il y a quelque chose à faire avec les ouvriers et que là les efforts seront aussi fructueux que partout ailleurs.

Ce qui nous trompe, c'est que nous n'allons pas au fond des choses, nous nous tenons à l'écorce, et elle est sans doute un peu âpre et raboteuse... Il faut se rappeler que dans l'ouvrier il y a deux hommes, en quelque sorte, l'homme qui boit, qui jure, qui s'emporte et qui est grossier, et l'homme qui a du bon sens et du cœur, qui compatit et qui se repent... Il faut se servir de l'un pour faire du bien à l'autre. C'est parfois si facile... Des faits nous en ont déjà donné et nous en donneront encore la preuve.

Prenons l'ouvrier dans les moins bonnes conditions. A Paris, où les séductions sont si grandes et la moralité quelquefois si misérable, eh ! bien, là, il faut si peu de chose pour ramener un homme : une simple conversation, un acte de dévouement, un petit livre, un rien, et c'est assez.

C'est surtout la charité, le dévouement, qui fait impression sur le peuple; nous l'avons dit, livré à lui-même, il ne sait pas lui résister. Oh ! Dieu se moque souvent de nos phrases en se servant de bien petites choses pour convertir les âmes.

Un ouvrier de Paris était revenu à la foi. — C'est une de ces natures ardentes, méchantes, mais franches et remplies d'esprit; il parla dans les clubs avec beaucoup de succès, il avait aussi plus d'un péché de barricades sur la conscience.

Un jour le prêtre qui l'avait réconcilié avec

Dieu lui dit : « Racontez-moi donc par quelle voie vous êtes revenu à la religion, vous qui en étiez si éloigné ; cela pourra me servir pour faire du bien à d'autres.

— Oh ! répondit-il, je ne peux pas vous le dire à vous, parce que, dans cette affaire-là, vous ne jouez pas un très-beau rôle.

— Qu'importe ? dites toujours, ce n'est pas la première fois que cela m'arrive.

— Si vous y tenez, je vais vous le dire en deux mots, c'est tout simple : Une religieuse m'avait *embêté* malgré moi de votre petit livre (pardon de l'expression, c'est comme cela que je parlais dans ce temps-là) ; j'en lus quelques pages et ça me fit impression, c'est-à-dire que ça me donna le désir de vous voir.

« On me dit que vous prêchiez dans une église, j'y allai, je vous entendis, votre sermon me fit encore quelque chose, mais franchement, entre nous, pas grand'chose, rien du tout, quoi ! mais ce qui me fit plus que tout cela, c'était votre air franc, simple et *bon enfant*, surtout vos cheveux mal peignés, *car j'ai toujours détesté les prêtres qui ont des têtes de garçon perruquier*. Je me dis : Voilà un homme qui s'oublie pour nous, il faudrait bien faire quelque chose pour lui. Je pris la résolution d'aller vous voir, j'y vins, vous me mîtes dans le *sac*, et voilà toute l'affaire. »

Aujourd'hui c'est un chrétien, mais un chrétien des premiers temps... Il a une foi, une sincérité, une force invincible. Il faut le voir prier à l'église ; sa confiance en Dieu s'est revêtue de sa vieille énergie, il semble qu'il lui dit : Allons, accordez-moi ce que je vous demande, et bien vite, ou je vous fais une émeute au ciel...

Du reste, quand on prononce cette parole : Il n'y a rien à faire, on ne songe pas à ce qu'on dit, on parle comme les ennemis de la religion ; oui, que dites-vous là ?... Vous portez un coup mortel à l'Évangile, vous justifiez les sophismes et les blasphèmes de ceux qui crient : Le christianisme a fait son temps, il est vieux, il est usé, il n'a plus de prise sur les masses, il n'est plus à la hauteur des lumières et des besoins de notre époque ! Alors ils ont donc raison, ils sont donc dans le vrai ?... Ici les paroles, les discours sont impuissants à les réfuter. Il n'y a qu'une manière de leur répondre victorieusement, c'est de ressaisir, à l'aide de la parole évangélique, la direction des masses.

Ce découragement et cette paresse de l'âme sont une des plaies les plus hideuses de notre âge; on accuse les autres et on ne songe pas que la plus grande offense à Dieu c'est le désespoir !

Quoi ! il n'y a rien à faire avec le peuple français ! Mon Dieu, où en serions-nous donc ? Il y a quelque chose à faire avec les forçats des bagnes, il y a quelque chose à faire avec les païens de la Chine, il y a quelque chose à faire avec les sauvages de l'Amérique, il y a quelque chose à faire avec les cannibales de l'Océanie : nous le croyons, nous leur envoyons des secours et des apôtres; et il n'y aurait plus rien à faire avec notre France, chez cette nation bien-aimée de Dieu et de l'Église, qui prodigue son sang et son or pour la conversion des infidèles, où brillent encore tant d'héroïques vertus ! Oh ! vous calomniez la France : pour justifier votre incurie, vous calomniez vos frères; vous ne connaissez pas votre pays. Vous ignorez la puissance de l'Évangile et vous détruisez la vertu de la croix de Jésus-Christ. Sachez-le, nous pouvons encore régénérer ce peuple... Oui, nous le pouvons, nous le devons, c'est une obligation sacrée; et celui qui ne fait pas son devoir n'a le droit de parler de devoir à personne.

Pourquoi donc se tromper soi-même, pourquoi donc accuser les autres? Au moins soyons francs et sincères, et pour ce qui est des moyens extraordinaires à prendre pour amener les ouvriers à la religion, ne disons plus : *Il n'y a rien à faire,* mais bien : Cela me gênerait, cela me coûterait, *je ne veux rien faire.*

Nous avons dit : répéter cette parole : *Aujourd'hui il n'y a rien à faire avec les ouvriers*, n'est ni sérieux ni grave; cette chose ne se répète que quand on a vu les ouvriers de loin ou en passant.

Quand la pensée religieuse tombe dans ces âmes, elle y produit des merveilles. Pauvres gens, leur vie est si dure ! c'est un purgatoire. Hélas ! pourquoi ne connaissent-ils pas mieux l'Évangile? Il les transformerait.

Voici une lettre écrite par un ouvrier, revenu de bien loin, enfant de l'un des quartiers les plus redoutés de Paris, à un prêtre dont il avait lu un livre. Il y a vraiment dans cette lettre une délicatesse de sentiment et un savoir-vivre qui ne se trouvent pas toujours ailleurs.

Nous copions mot à mot, nous retranchon

seulement quelques fautes d'orthographe :

« Monsieur l'abbé,

« Une bonne religieuse m'a fait don, il y a quelques jours, d'un petit livre dont vous êtes l'auteur. Je puis vous assurer, Monsieur, que j'ai lu votre excellent ouvrage avec délices, avec bonheur et surtout avec fruit. Chaque page, chaque phrase et chaque mot de votre livre sont simples, vrais et à la portée des plus simples intelligences, et quoique borné moi-même dans mon instruction d'ouvrier, j'en ai saisi toutes les vérités et compris l'excellente morale, et je tâcherai d'en faire comprendre toute l'utilité à ma femme et à mes jeunes enfants.

« Il serait à regretter, monsieur l'abbé, qu'un livre aussi bon, aussi charitable, ne fût pas connu de toutes les classes de la société, mais principalement dans celle des ouvriers, où il ferait le plus grand bien.

« Quant à moi, permettez-moi de vous remercier en mon nom pour l'heureuse inspiration que vous avez eue d'écrire des choses si charitablement chrétiennes, et dont je vous promets de profiter ; car, hélas! plus que personne j'ai besoin de sages avis, de bons conseils.

« La bonté de votre cœur est incontestable à mes yeux : votre livre est le miroir de votre âme ; aussi me dispenserai-je de vous demander pardon pour la liberté que je prends de vous adresser cette lettre, qui, j'en suis sûr, trouvera bon accueil et indulgence.

« J'ai l'orgueil de vous dire, en terminant, que je suis bon chrétien, et quoique nouvellement converti, ma foi est aussi vive que celle des plus fervents enfants de Jésus-Christ. »

Du reste, pour se bien convaincre, il suffit d'assister à une communion générale d'ouvriers, à celle de Saint-Sulpice, par exemple ; après cela on s'en retourne en disant : *Il y a quelque chose à faire avec les ouvriers.*

Il faut donc établir partout des associations ouvrières ; il n'est plus permis d'être une ville honnête et charitable sans société de Saint-François-Xavier ; il y en a déjà dans presque toutes les grandes villes, dans beaucoup de petites villes et même dans les campagnes ; ces associations s'allient facilement aux sociétés de secours mutuels. Il suffit d'ajouter tout simplement les réunions du mois, soit dans une église, comme à Étampes, soit dans une chapelle particulière, comme à Noyon, soit dans une école des Frères, comme cela se pratique à Beauvais, diocèse remarquable entre tous par son zèle pour les œuvres de moralisation.....

Mais on va dire : Il faut des hommes pour parler aux ouvriers, et chez nous il n'y en a pas. S'il n'y en a pas, il faut en créer... C'est bien ce dont je me plains..... Quoi! il y a en France une ville où il ne se trouve pas même trois hommes pour dire une parole du cœur, pour donner avec convenance quelques conseils d'amis à ces pauvres ouvriers qui travaillent, qui souffrent et qui s'égarent? On s'exagère la difficulté, car que faut-il pour parler aux ouvriers? du bon sens, du cœur et pas de phrases, voilà tout.

Oh! quand on a l'âme un peu bien placée, quand on les aime, quand on désire sincèrement leur amélioration et celle de leur famille, on n'est pas embarrassé quoi leur dire ; on trouve dans son cœur des inspirations, sur ses lèvres des paroles auxquelles on n'avait jamais songé, et l'accent qui va à l'âme les accompagne toujours. Il y a des moments où ce n'est pas un embarras; c'est une jouissance, c'est un bonheur que de leur parler! Pauvres hommes! qui ne serait heureux de leur aider à reconquérir la place que Notre-Seigneur Jésus-Christ leur a méritée? O saintes joies de l'apostolat chrétien, que n'est-il donné à beaucoup de cœurs de vous connaître et de vous goûter! Que d'hommes de talent perdent l'occasion de bien faire, faute de n'oser se montrer tels qu'ils sont, et de n'oser dire les pensées de leur âme!

Il y a quelques années, le brave et pieux capitaine Marceau se trouvait à Paris ; il venait de faire un long voyage dans les îles de l'Océanie. Le hasard, ou plutôt la Providence, le conduisit à une réunion ouvrière, on l'engagea à parler : « Moi? répondit-il, vous n'y pensez pas ; je n'ai de ma vie parlé en public, et vous voulez me faire parler dans une église! » On insista au nom de la religion et de la réunion d'ouvriers, qui était nombreuse. Il se rendit... L'impression fut magique ; il parla avec cet accent épouvantable de conviction et de franchise qui va jusque dans les entrailles, qui ne permet pas la résistance, et ôte même parfois jusqu'à la respiration.

« Mes amis, leur dit-il, il y a sans doute
« parmi vous des hommes qui ne sont pas
« encore chrétiens, qui n'aiment pas la re-
« ligion. Eh bien! sachez-le, j'ai été impie

« comme vous, plus que vous peut-être ; nul « plus que moi n'a détesté le christianisme ; « mais je dois lui rendre cette justice que tant « que je n'ai pas été chrétien, c'est-à-dire « jusqu'à l'âge de trente-cinq ans, j'ai été « malheureux, profondément malheureux... « Je n'ai pas vécu jusque-là, mes amis ; non, « ce n'était pas là vivre... Je m'agitais, ou « plutôt mes passions me poussaient, me « tiraient, m'entraînaient, mais je ne vivais « pas... j'étais une machine... mais je n'étais « pas un homme... »

Et puis tout à coup, se mettant à l'aise, il cause familièrement avec les ouvriers, qui l'écoutent avec une dévorante attention ; c'est une piquante conversation : « Mes amis, dit- « il, nous ne comprenons pas bien, nous « autres, la valeur de la religion, le bonheur « d'être chrétien ; pour le bien comprendre, « il faut avoir vécu quelque temps au milieu « des païens, des sauvages surtout. Il y a « des gens qui vous disent : « A quoi bon la « religion chrétienne ? elle rétrécit l'esprit, « elle abrutit le pauvre monde ; n'avons-nous « pas la religion de la nature et de la raison « qui est beaucoup plus simple, et qui ne « fait pas tant d'embarras ? »

« Pour toute réponse, je voudrais voir « l'homme qui parle ainsi pendant six mois « seulement chez les sauvages, et cela dans « les meilleures conditions, à la cour d'un « roi qui ne se gênerait pas pour lui dire, « comme il me l'a dit à moi-même : « Tu « m'as l'air bien nourri, oh ! que tu es gras ! « ta chair doit être bonne ! Ce qui signifie « assez clairement : J'ai bien envie de te « manger. Vous entendrez bientôt notre « homme s'écrier : « Ma foi, tout bien exa- « miné, la religion et la civilisation de « l'Évangile valent mieux encore que la reli- « gion et la civilisation de la nature, malgré « tout le bien que j'en ai dit autrefois; qu'on « me conduise vite en pays chrétien, dans « ma bonne et belle France, j'y serai mieux « encore ; car le drôle pourrait bien se passer « la fantaisie de faire du beefsteak de ma « personne; il ne me paraît pas scrupuleux « sur l'article. » Et les ouvriers d'applaudir.

La difficulté ne vient donc pas du côté de l'absence d'éléments... elle vient plutôt de l'absence de volonté... Aujourd'hui, nous aimons tant le repos. Malheur à l'homme qui se permet de nous créer des embarras !... Il n'y a que le danger qui nous réveille... Que la cité soit en émoi... que l'émeute laisse entrevoir un petit bout de son oreille, alors on s'agite, on va, on vient, on cause, on crie : Pauvre peuple... il faut faire quelque chose pour le peuple... on a trop négligé le peuple... Le calme se fait ; adieu une partie de ce beau zèle... On remet sa tête sur son oreiller et on s'endort... Ma foi, vive la peur !... c'est un des plus grands orateurs de la France... Aux autres, on a toujours quelque chose à répondre ; à celui-ci, rien... On ne s'en va pas, par exemple, lui jeter à la face cette excuse : Nous n'avons pas d'hommes..., elle est puérile... Quoi ! dans cette masse d'hommes qui habitent une ville, parmi tout ce que vous êtes de gens instruits, de beaux parleurs, d'avocats, de professeurs, de médecins, de prêtres, de juges, de savants, il ne s'en trouve pas trois en état de parler avec quelque intérêt à une réunion de pauvres ouvriers ?... Si la chose est vraie, il faut la taire et s'en corriger bien vite, car c'est une honte... Mais je suis sûr qu'il en est autrement... et qu'il se rencontrera partout quelqu'un qui saura bien tirer de son cœur d'honnête homme des pensées saisissantes et des élans de pitié pour l'ouvrier qui s'avilit, pour sa femme qui pleure, pour son petit enfant qui meurt de faim ! . . :

CHAPITRE IV.

Œuvre de la Société de Saint-François-Régis.

Une autre œuvre de moralisation, c'est la *Société de Saint-François-Régis*. Son but est de régulariser les unions illégitimes, de décider et d'aider les ouvriers et les pauvres à supporter les dépenses nécessaires pour se marier.

Cette Société a été établie en 1824 par M. Gossin, ancien conseiller à la cour d'appel de Paris ; elle s'est propagée dans un grand nombre de villes tant de la France que des pays étrangers, et depuis sa fondation elle a concouru à la célébration de 50 mille mariages et à la légitimation de plus de 50 mille enfants.

Le mariage est la source des générations, le point de départ de la famille ; s'il est vicié, les suites en seront désastreuses.

Le conseil supérieur de l'œuvre est ainsi composé : M. Gossin, président ; vice-président, M. Hardouin, conseiller à la cour de cassation; secrétaire, M. de Hercé; trésorier, M. de Lihus. Au nombre des membres nous remarquons M. Cauchy, M. Desportets, professeur à la faculté de droit, M. Baudon et M. le comte de Maistre. Les membres de cette association contribuent d'abord de leur bourse, puis se font les conseillers et les amis de leurs protégés; ils vont les chercher, les écoutent, les conseillent, font venir les pièces nécessaires, lèvent les obstacles, légitiment les enfants et replacent l'ordre et la régularité au foyer domestique.

De ce côté-là, il y a beaucoup à faire... Malheureusement des théories immorales développées en haut, dans des livres, ont été réduites en pratique chez le peuple : on se passe du mariage religieux et même du mariage civil, à l'aide de quelque insignifiante excuse ou d'une grosse plaisanterie : — *Nous n'avons pas le moyen, plus tard on verra... Moi, je trouve que quand on est d'accord, on est tout aussi bien marié que si le prêtre vous avait jeté deux gouttes d'eau bénite à la figure, et puis c'est bien plus commode; si on ne s'entend pas, chacun s'en va de son côté, c'est bien mieux que de se quereller.*

Généralement la femme souffre de ce genre

d'union, pourtant il faut dire qu'il n'est pas rare d'en trouver qui le préfèrent. C'est pour elle une source de puissance.. *Une fois mariée,* vous dira-t-elle. *je n'aurai plus d'autorité sur mon mari. Sans le mariage, au contraire, je le tiens et je lui dis : Si tu bouges, je te plante là... C'est çà qui vous met au pas et vous dresse un mari... Après cela il est doux comme un agneau...* Pauvre femme, elle oublie l'avenir... Quand sa jeunesse sera dévorée, on l'abandonnera, et que deviendront ses enfants? où sera la vie de famille ?... Il est inconcevable avec quelle facilité s'opèrent ces associations ; on se rencontre, on se voit, on se fait des promesses, et puis on s'installe dans la même maison, c'est bien plus simple de n'avoir qu'un loyer à payer ; plus tard on verra, s'il y a lieu, à procéder au mariage, et cela se fait sans honte, comme une chose très-naturelle. Il y a même des hommes qui ont une femme à Paris et une femme en province.

Sous ce rapport, la moralité a été profondément blessée en France; une seule chose déshonore aujourd'hui : le vol; et pour être un homme respectable, c'est assez de n'être pas directement un voleur.

Une jeune personne avait mené la vie d'une femme dégradée, elle semblait revenir à de meilleurs sentiments ; quelqu'un, pour l'encourager, lui dit : « Vous êtes jeune, vous pouvez encore tout réparer, retrouver l'estime, la vertu, l'honneur... » A cette parole, elle se révolte et s'écrie : *C'est vrai, j'ai fait la vie, mais sachez que je l'ai toujours faite en honnête fille...*

La société de Saint-François-Régis a essayé, avec les plus consolants succès, de relever le sentiment moral de ces pauvres gens, et de chasser cette ignorance humiliante pour notre civilisation ; elle a établi des conférences religieuses dans quatre chapelles à Paris. Là elle réunit chaque dimanche tout ce peuple de gens non mariés, à l'église au moins ; ils y assistent sans respect humain ; c'est chose vraiment édifiante de voir l'attention avec laquelle ces braves gens écoutent les instructions qui leur sont adressées ; aussi une fois chaque année on leur distribue des récompenses... Ces récompenses consistent en draps de lit, couvertures de laine ou de coton, chemises, robes, pantalons, lits de sangles, etc.

Malgré une vie peu en règle avec la morale, il ne faut pas penser que la source des bons sentiments soit tarie en eux... Il est possible de réveiller les bons instincts dans ces cœurs égarés. Ils sont d'abord si sensibles au soin qu'on prend de leur instruction; avec beaucoup de douceur, de temps et de patience, on peut les changer notablement. Surtout il ne faut pas s'effrayer, encore bien moins se fâcher, quand ils vous racontent la longue histoire de toutes les bonnes raisons qu'ils ont eues de ne pas se marier. Laissez-les tout dire, vous leur faites du bien, au fond ils savent ce qu'elles valent, il faut leur aider doucement à en convenir.

M. Gossin raconte dans le Manuel de la société de *Saint-François-Régis*, une conversation qu'il eut un jour avec un père de famille dont l'union n'avait pas été bénie par la religion. Elle nous révèle ce qu'est le peuple, son bon et son mauvais côté; nous allons la citer en partie.

« Je demande pardon, dit-il, de laisser ce colloque dans toute sa crudité : je n'invente pas, *je rapporte*, et je n'imprime que ce qui a été dit de part et d'autre la première fois que cette argumentation *ad hominem* a été employée. »

« Je suis vraiment fâché que nous ne « puissions nous entendre. Quoi ! vous « persistez à soutenir que, lorsque vous « avez corrompu, il y a dix-huit ans, cette « femme qui est aujourd'hui à vos côtés, « vous n'avez fait aucun mal ?...

— « Pas le moindre. Je suis honnête « homme; je n'ai jamais volé ni assassiné. « Je me suis, étant jeune, un peu amusé, « mais ce n'est pas un mal. D'ailleurs, cette « femme, je ne l'ai pas *forcée*; pourquoi « s'est-elle laissée attraper?

— « Parlons d'autre chose.... Ce sont là « tous vos enfants?

— « Non, Monsieur, nous avons encore à « la maison une petite *demoiselle* qui s'ap-« pelle Séraphine.

— « Je suis fâché que vous ne l'ayez pas « amenée, j'aurais été bien aise de la voir.

— « Bien honnête à vous, Monsieur.

— « Ah ça, est-elle déjà grande ?

— « Mais pas mal. Ça a déjà 12 ans. Ça « vous gagne des bons points chez les

« Sœurs, que ça fait plaisir. Elle coud déjà « très-gentiment. Ah ! ça promet.

— « Vos garçons, que je vois, ont de bonnes « figures et sont bien proprement tenus; tout « cela fait honneur aux soins de leur mère.

— « Ah ! dame, faut lui rendre justice à « cette pauvre femme; elle fait bien ce qu'elle « peut pour eux : elle les tient bien blanche- « ment, et, tous les matins, je te peigne par « ci, je te lave par là ; il faut voir comme elle « les décrasse et les débarbouille.

— « Est-ce que Séraphine est aussi bien « de figure que ses frères ?

— « Dis donc, ma femme, qu'est-ce que « t'en dis ?... Que t'es bête ! tu ne réponds « rien ; eh bien, je vais décider pour nous « deux. Foi de faubourien, je dis que Séra- « phine est la plus jolie de toute notre maison, « pas vrai ? et cependant il y a chez nous « dix-huit locataires qui ont un tas de *de-* « *moiselles* de toutes les couleurs. »

(Regardant fixement l'homme) — « Dans « deux ou trois ans, Séraphine, qui n'est « qu'une enfant, sera une jeune fille très- « agréable, très-modeste, et elle sera votre « consolation.... Mais que diriez-vous, si un « ouvrier, faisant ce que vous avez fait autre-

« fois à la mère de Séraphine, débauchait la « pauvre enfant et la déshonorait ? »

— (Se levant furieux et tout hors de lui). « Ce que je dirais..; je ne dirais rien, mais je « tuerais le scélérat qui m'aurait subtilisé « mon enfant !

— « Vous auriez tort, car ce garçon, d'a- « près ce que vous me disiez à l'instant « même, serait, selon vous, un parfait hon- « nête homme, n'ayant ni tué, ni volé, « n'ayant point forcé votre fille et ayant seu- « lement voulu s'amuser un peu, ce qui, avez- « vous dit, n'est pas un mal. »

— (Toujours hors de lui). « Je vous dis « que je poignarderais ce gredin, ce monstre..

— « Mon ami, rappelez-vous ce que vous « avez fait vous-même, et jugez-vous. »

— (Sanglottant et en pressant vivement la main de son interlocuteur). « Monsieur, il « faut me pardonner; je me mentais à moi- « même quand je disais ce que j'ai dit. J'é- « tais un blagueur, quoi ! comme il y en a « tant; mais je vaux mieux que mes bêtises. »

Toute la moralité de la famille est dans le mariage chrétien. Ce n'est pas seulement une cérémonie, c'est une régénération de l'âme pour les parents et les enfants. Le mariage chrétien, c'est union des cœurs, support mutuel, économie, travail, dévouement. La charité doit donc veiller surtout à la régularité du mariage. Il est à souhaiter que dans chaque ville il y ait au moins une section de la société de Saint-Vincent-de-Paul chargée de s'occuper du mariage des pauvres. Il serait même peut-être utile de fonder une société de Saint-Régis dans certains cantons où se trouvent beaucoup d'unions non consacrées par l'Église, en Picardie par exemple.

Certainement il se fait beaucoup d'excellentes choses en Picardie... Mais là on oublie quelquefois de se marier à l'église. Aussi, à la fin d'une mission ou d'une retraite, le prédicateur a-t-il beaucoup d'unions à bénir. Cette société cantonale veillerait dans sa circonscription et userait de toutes les voies de la persuasion et de la bonté pour empêcher les scandales.

Il ne faut pas se dissimuler que les dépenses à faire sont considérables, quoique le gouvernement les ait diminuées. Il faut faire venir toutes les pièces; de plus, il faut assister ses protégés, leur donner un habit convenable, au moins pour le jour de la cérémonie religieuse. Aussi la société de Saint-François-Régis de Paris se trouve-t-elle souvent au bout de ses ressources. Cette année, par exemple, malgré les dix mille francs donnés par l'Empereur, elle recevrait volontiers les offrandes de la charité, et il nous serait bien doux d'apprendre que notre feuilleton a contribué à replacer dans une famille au moins, l'ordre, la régularité et la bénédiction du ciel. Si quelqu'un de nos lecteurs se sent porté à faire une bonne œuvre, qu'il s'adresse rue du Gindre, 3, à Paris. Jamais aumône n'a été mieux placée, n'a été plus directement à la source de la misère... Le mariage transforme les parents et les enfants.

Écoutons le directeur de la Société de Saint-Régis :

« Tous les sentiments de vertu ne sont pas éteints chez ces pauvres gens, et les sentiments de la nature, qui semblaient eux-mêmes détruits dans leurs âmes, reprennent leur empire dès que ces pécheurs repentants ont entendu bénir la réhabilitation de leur union.

« Nous sommes chaque jour les heureux témoins de cette vérité. Un homme et une femme ont le malheur de vivre dans le désordre, un ou deux enfants sont issus de leur intimité; ces enfants, ils les ont déposés, dès le moment de la naissance de chacun d'eux, à l'hospice des Enfants-Trouvés. Huit ou dix ans se sont écoulés; ni le père ni la mère n'ont songé à retirer de cet asile, où la mortalité est effrayante, les déplorables et innocents fruits de leur incontinence. Ces pauvres gens sont poussés par la Providence à notre Société, et les voilà enfin mariés. Quel est alors leur premier besoin et l'objet de leur première supplication? c'est la remise de leurs enfants. Depuis dix ans cet homme et cette femme n'avaient rien fait qui pût faire penser que le premier était père, et que le titre de mère appartenait à sa compagne; ils sont mariés, et à l'instant tous les sentiments de la nature se réveillent en eux. Hier ils étaient pauvres; aujourd'hui qu'ils sont mariés, la pauvreté est encore leur partage. Comment expliquer cette résurrection du sentiment de la paternité? C'est un miracle de la religion. Le nœud qui unissait l'homme et la femme a été béni par Dieu, et cet homme et cette femme, redevenus père et mère, bénissent à leur tour les enfants de la naissance desquels ils n'auront plus enfin à rougir. Tout n'est donc pas perdu dans des âmes qui sont susceptibles d'une si étrange et si subite transformation.

« Ce phénomène est d'autant plus remarquable qu'il se renouvelle tous les jours, et qu'il est sans exemple, depuis vingt-cinq ans, qui est à peu près l'âge de la société de Saint-Régis, qu'un seul couple ayant reçu la bénédiction nuptiale ait laissé jamais aux hospices un enfant légitimé, et qu'il n'en ait pas fait la réclamation à l'instant même.

« Que de fois n'avons-nous pas été attendris jusqu'aux larmes, en voyant des familles réduites aux dernières limites de la misère continuer à partager leur pain avec un ou deux orphelins, malgré la présence de nombreux enfants qui semblaient réclamer pour eux-mêmes tout le produit du travail opiniâtre de la famille !

« Oui, il y a du bon et du très-bon dans les familles de Saint-Régis. Nous avons pu, plus d'une fois, remarquer en elles de grandes vertus : la patience, la résignation, la charité, l'humble reconnaissance des grâces de Dieu et le sincère repentir des fautes passées. Nous n'hésitons donc pas à déclarer que tout disciple de saint Régis et tout imitateur de son zèle pour le salut des âmes trouvera, dans les soins spirituels et temporels qu'il rendra à cette classe particulière d'infortunés, d'amples sujets de mérite et des occasions très-fréquentes de s'édifier et de s'animer de plus en plus dans la pratique des grandes et des petites vertus que la religion catholique peut seule inspirer. »

Il y a dans la bénédiction nuptiale une vertu cachée qui rend la femme ce qu'elle doit être, quelqu'ait été son passé...

Dans les plus tristes jours qui ont suivi la révolution de février, vivait à Paris une femme mariée civilement ; elle avait la haine de la société, des riches et de Dieu... mais une haine implacable, une haine de femme... méchante ; elle en voulait surtout aux *robillons de soie, aux paquets de chiffes*, c'est ainsi qu'elle désignait les femmes des classes les plus élevées. Plus d'une fois elle avait dit à ses enfants : Souvenez-vous que je vous ai élevés pour la démocratie, pour humilier les riches... Si vous n'êtes pas des démocrates, je vous renie...

Un prêtre avait essayé de la porter à légitimer son union, mais elle l'avait reçu par des sarcasmes. *Je suis déjà bien trop mariée*, répondait-elle, *l'écharpe de monsieur le maire et son baragouin, croyez-vous que cela fasse quelque chose à l'affaire? Tout cela et l'eau bénite du curé, ça se vaut...*

Le prêtre, voyant qu'il perdait son temps, chargea une jeune et charitable marquise d'apprivoiser cette âme aigrie. Les premières explosions furent terribles... On commença par lui dire que toutes les grandes dames étaient des *coquines*, sans faire de réserve pour la visiteuse... qu'elles s'occupaient de charité, parce que c'était le bon ton; mais qu'au fond elles se moquaient bien des souffrances du pauvre monde... qu'elles ne rougissaient pas de s'étaler dans leurs calèches, pendant que des femmes, des mères comme elles, n'avaient pas de chaussures à se mettre aux pieds, pas de pain à donner à leurs enfants...

La bonne visiteuse écouta tout avec patience, la plaignit beaucoup, lui laissa rejeter tout le fiel de son cœur... et bientôt on fut en de très-bons termes... on s'aimait de part et d'autre.

Un jour la jeune marquise, sur le point de s'absenter pour quelques semaines, vint dire adieu à sa protégée, et lui prit affectueusement la main; et puis, poussée par son bon cœur, et aussi par la grâce de Dieu, elle l'embrassa cordialement et disparut en lui disant : A bientôt!

La pauvre femme reste interdite, bouleversée., émue, puis elle court chez le prêtre! Ses yeux étaient tout rouges de larmes... et au lieu de le saluer, elle commence par lui dire : Est-ce possible! vous n'allez pas me croire.., pourtant c'est vrai... c'est bien vrai...

— Mais quoi?

— Eh bien, elle m'a embrassée... Ah! elle m'a embrassée.

— Qui donc?

— Madame la marquise, une si gentille petite dame qui a embrassé une méchante femme comme moi! Ah! que j'ai de malheur, que je me repens. J'avais dit qu'il n'y avait pas de bon Dieu, à présent je dis qu'il y en a un, j'ai vu un de ses anges... J'avais dit que je ne voulais pas me marier à l'église, vous m'y marierez autant que vous voudrez... j'avais dit que je ne voulais pas me confesser, à présent je me confesserai des pieds et des mains s'il le faut.

Elle a reçu la bénédiction nuptiale, ses enfants ont fait leur première communion, et, je lui demande la permission de le dire : la paix, la vertu, l'aisance même sont rentrées dans sa maison.

Que dire du bien fait aux enfants ?

Oh ! plaignez l'enfant illégitime, plaignez beaucoup le bâtard... Allez, il est malheureux. Ah ! si ceux qui les jettent sur la terre savaient ce qu'ils endurent. Pauvres êtres ! ils n'ont pas été aimés, et ils n'aimeront jamais guère. De sa nature, le bâtard souffre et hait, je dirai même qu'instinctivement il est révolutionnaire. Peut-il bien aimer un ordre de choses où il est flétri jusque dans son origine ?...

Aussi quelle amertume, quelle rage dans son âme, quand il se trouve en face de celui qui l'a condamné à une existence déshonorée ! Il y a parfois de bien étranges rencontres.

Il y a quelque temps, un homme traversait lentement, les deux mains daus ses poches, l'avenue des Champs-Élysées, malgré les voitures qui se croisaient. Il n'eût pas été fâché d'être un peu égratigné par une voiture d'*aristo*, à cause des dommages et intérêts... C'était un de ces hommes désœuvrés, qui semblent brouillés avec le travail, les peignes, les rasoirs, les chapeaux sans renfoncement, les pantalons neufs, les chaussures intègres, et la société... Le cocher crie : Gare! Il fait semblant de ne pas entendre ; le cocher le menace d'un coup de fouet, il se retourne, il voit une superbe calèche découverte où étaient assis un homme à tournure aristocratique, à chevelure grisonnante, et sa jeune fille, ayant environ dix-neuf ans ; à cette vue, sa figure s'enflamme de colère : il avait reconnu quelqu'un. Ces trois personnes, l'homme à tournure aristocratique, la jeune fille et le pauvre diable, c'étaient le père, le frère et la sœur... On lui jette cent francs, de loin et de temps en temps. Je me hâte de dire que ce père n'est pas Français, sa mère était une de ces femmes que les journaux conservateurs eux-mêmes appellent d'aimables pécheresses. Si les pécheresses sont aimables, les pécheurs ne le sont guère, leur progéniture l'est encore moins... sans parler des douleurs qu'elle endure.

CHAPITRE V.

Œuvre de la Miséricorde. — Un moyen de battre monnaie pour les pauvres.

Voici encore un autre trait du génie de la charité parisienne. Vraiment, elle est inépuisable. C'est la *Société de la Miséricorde*. Cette œuvre, si bien nommée, s'occupe d'une misère deux fois sacrée, de la misère qui a honte, qui n'ose, qui rougit et qui se sé cache ; elle s'occupe uniquement des pauvres honteux, elle recherche les douleurs ignorées, les chutes profondes, les souffrances inconnues, pour les soulager et les consoler... elle s'adresse surtout aux familles et aux personnes tombées d'un rang élevé dans le gouffre de la misère, et il y en a tant aujourd'hui !

Comme l'a si bien dit M. le secrétaire, M. le comte de Melun :

« La charité, dans l'immense variété de ses œuvres, a su trouver des mères pour les orphelins, des maîtres pour les ignorants, des médecins pour les malades, des protecteurs pour les apprentis; par le système d'adoption, la *Miséricorde* donne aux pauvres honteux ce que le malheur a le plus éloigné d'eux, ce que souvent, dans leur décadence, ils regrettent le plus : les visites et les consolations d'un ami. »

Car, hélas ! quand on perd sa fortune, souvent on perd aussi ses amis.

Cette Société fut fondée en 1833, par Mlle Dumartray, sous les auspices de Mgr de Quélen. Depuis cette époque elle s'est considérablement développée. Ainsi, l'année dernière, elle a pu accompagner ses bonnes paroles et ses consolations de vingt-huit mille francs portés à ses protégés.

L'Œuvre de la Miséricorde est dirigée par un conseil dont chaque membre paie une cotisation annuelle de vingt francs, et elle est administrée par un comité qui se réunit deux fois par mois pour examiner les demandes et voter des secours. — Les membres de ce comité sont MM. le prince de Chalais-Périgord, président; le comte de Melun, le vicomte de Castries, le comte Richard d'Andlau, secrétaires, et Sylvain Caubert, trésorier...

Le conseil général est composé d'hommes

et de femmes du monde. On y voit figurer les plus grands noms de la France, toutes les aristocraties, aristocraties du nom, du talent, de la fortune, de la science et de la gloire...

Ordinairement la lecture d'un catalogue est fort peu amusante. Je voudrais pouvoir donner cette liste tout entière, je voudrais pouvoir la lire surtout aux ouvriers et aux pauvres, elle serait vraiment édifiante pour tous... J'y trouve les noms de Montmorency, de Mortemart, de La Châtre, de Bourbon, de Broglie, de Beauffremont, des Cars, de Levis, de Grouchy, de Luxembourg, de Choiseul, de Cauchy, de Laffite, de Forbin, de Turenne, de Kergorlay, de Lubersac, etc. A la bonne heure! voilà de la bonne charité, les différentes classes se donnent la main. Ici, pour se défendre de faire le bien, on ne s'en va plus déterrer des friperies comme celles-ci: *J'ai mes pauvres. J'ai beaucoup de charges. J'aime à faire mes aumônes comme je l'entends. Il y a dans ma famille des personnes qui ne sont pas riches*, le tout prononcé avec un certain pincement de lèvres qui veut dire qu'on a la conscience d'avoir donné une raison péremptoire, tandis qu'on a tout simplement ramassé une vulgarité usée à force de redites... On a des charges... on a ses pauvres... Mais qui donc sur cette terre n'a ses charges et ses pauvres? On les secourt tout bas, sans en rien dire à personne, et puis on sait réserver encore une part pour les pauvres de tout le monde qui ne sont pas toujours les mieux traités...

Je reviens à notre aimable *Société de la Miséricorde*; ses membres se partagent en groupes de visiteurs et de visiteuses.... Chaque arrondissement a le sien, et nul n'est oublié... Surtout, il y a de l'aumône du cœur pour tous. Ici, elle est plus indispensable que partout ailleurs; car les pauvres de l'*Œuvre de Miséricorde* ne sont pas nés, comme les pauvres ordinaires, dans l'indigence. Je cite encore M. le rapporteur :

« Ils n'ont pu faire comme eux l'apprentissage des privations avec celui de la vie, mais saisis par le malheur au milieu de leur carrière, exilés du bien-être et de la fortune par les révolutions, les vicissitudes si perfides de l'industrie, souvent aussi par leur propre faute, ils ne peuvent s'empêcher de jeter un long regard d'envie et de regrets sur ces jouissances échappées; sur ce paradis perdu. Ils n'ont pas même, comme nos premiers pères, la ressource de gagner leur pain à la sueur de leur front; leurs mains sont inhabiles au travail, et leur âme inaccoutumée à la lutte; tout leur est honte et amertume, le souvenir du passé, la délicatesse des habitudes, la supériorité de l'éducation, jusqu'à ces services qu'ils rendaient autrefois et qu'il faut solliciter maintenant, jusqu'à ce secours qu'il faut recevoir après l'avoir donné. La charité la plus exquise, la plus religieuse, peut seule panser, sans les irriter, ces blessures toujours saignantes, et faire rentrer dans ces âmes dévastées la résignation que donne l'espérance d'une autre vie. Partout où le secours arrive au pauvre, il faut qu'une action sainte l'accompagne et le purifie sous peine de stérilité et souvent même de dommage; car on a pu dire que l'aumône dépravait quand elle ne rendait pas meilleur, mais les soins affectueux, les bons conseils, les douces et religieuses influences sont surtout nécessaires aux secourus de la Miséricorde. Elle s'adresse à des natures tombées, à des existences déchues, à des victimes du malheur dont l'âme est encore plus affamée et plus malade que le corps. »

En effet, c'est le moral surtout qui a besoin d'être soutenu chez le pauvre honteux. Sa chute l'a brisé... Dans une grande douleur, nous avons tous éprouvé de ces moments de prostration dans lesquels tout nous est indifférent. Eh bien, lui, il en est presque toujours là... il ne sent plus, il ne veut plus, il ne s'aide plus, il laisse faire... Quelquefois, il vivra au milieu de la crasse et des haillons, sans tenter même le moindre effort pour en sortir.

On parle beaucoup de la malpropreté des pauvres, on les accuse, on dit : Au moins ils devraient être plus propres. L'eau ne coûte rien, un peu de fil ne coûte pas grand'chose... Oh ! prenons garde de devenir pauvres, nous qui sommes riches. Jamais pauvre ordinaire ne fut si malpropre que le pauvre qui a été riche. Les riches ne savent pas être pauvres.

Voulez-vous une malpropreté bien conditionnée? c'est chez eux qu'il faut aller la chercher, lorsqu'ils sont livrés à eux-mêmes et à leur misère... Jamais maison de chiffonnier n'a rien fourni de semblable, c'est un salon, un luxe de propreté. Chez le chiffonnier, il y aura chiffons, peaux de chiens et de chats et même leurs carcasses ; mais qu'est-ce que cela auprès de la maison d'un riche devenu pauvre?.. Le premier laisse faire, le second invente.

Une famille autrefois riche, dont un membre a occupé avec éclat un poste distingué, était tombée dans la misère. Le découragement l'avait dominée. Faire la description de sa maison serait fort difficile. Il y a des choses qu'on ne peut toucher même du bout de la plume. Qu'il nous suffise de dire que de tous les vases du ménage on avait fait l'usage d'un vase... Ils étaient là, rangés en ordre de bataille, concourant d'une façon quelconque à l'ornementation du lieu; ils contenaient autre chose que du liquide... Or, le père, la mère et les enfants vivaient au milieu de tout cela...

De temps en temps le père se couchait dans la journée, et plus d'une fois il lui est arrivé de tomber de son lit au milieu de ce mobilier. Quand il se relevait, ses habits était galonnés de quelque chose qui n'était pas précisément de l'or. Lorsqu'il agitait les manches de sa chemise, il en pleuvait une armée de ces petits bédouins, qui ordinairement n'élisent leur domicile politique et militaire que dans des têtes d'enfants... Pauvre humanité! Pauvre humanité, quand tu n'as plus d'argent, quand la force morale t'abandonne, jusqu'à quel degré de misère tu peux descendre !

Nul plus que le pauvre honteux n'a besoin de l'aumône du cœur : sa vie est brisée ; trop souvent la fortune avait été tout pour lui ; alors la fortune perdue, tout est perdu. Le découragement le domine et la vue de sa misère le paralyse.

Vous entrez dans une maison habitée par une famille autrefois riche... Tout y est en désordre, les enfants sont sales et mal vêtus ; et cependant ils ont une mère qui se plaint de n'avoir pas d'ouvrage, qui répète souvent : Encore, si j'avais de l'ouvrage !

Vous lui faites observer avec douceur qu'en attendant le travail, il serait peut-être bon de blanchir et de raccommoder ses enfants.

C'est vrai, répond-elle, vous avez raison, je devrais bien ; mais, voyez-vous, je n'en ai plus le courage. Ah ! si vous saviez comme la misère change les gens ! Je ne me reconnais plus moi-même ; ce n'est plus moi. Autrefois j'aimais tant la propreté ; je ne pouvais supporter une tache, et aujourd'hui je vis au milieu de tout ce désordre, et je n'ai pas la force d'en sortir. Tous les jours je me dis : Il faut pourtant que je m'y mette ; que je nettoile; que je raccommode; je devrais avoir honte! Et puis je suis là, je regarde, je songe à ma misère, je pleure... et le temps s'en va, et je ne fais presque rien.

Pauvre femme!.. C'est pourtant justice de dire que, malgré leur dénûment, beaucoup de pauvres honteux savent tenir leur ménage dans une rigoureuse propreté.

La société de la Miséricorde soulage une si grande misère en visitant les familles qu'elle a adoptées.

D'abord elle écoute le récit des douleurs, et, en fait de charité, c'est beaucoup que de savoir écouter... On dit souvent : Je n'aime pas à aller voir les pauvres, je ne sais quoi leur dire... Alors ne leur dites rien, écoutez-les; vous aurez déjà fait beaucoup de bien.

Puis elle les aide de ses bons conseils.

Le malheur aveugle et aigrit; il ne faut donc pas s'étonner si l'on trouve ces pauvres gens parfaitement déraisonnables; ils finissent par revenir à des idées plus saines.

Une femme ne comprenait pas qu'il fût possible d'exister honnêtement sans domestique.

Une autre, qui portait un beau nom, s'écriait : Moi, travailler comme une femme du peuple, pour gagner ma vie, ce serait une honte pour la France et pour son gouvernement!

Quelques bonnes paroles ont suffi pour la remettre dans le chemin du travail et de la résignation.

Il est un point sur lequel le pauvre honteux a besoin d'être fortement dirigé : c'est sur l'avenir de ses enfants. Il est pauvre, lui, il se résigne à vivre pauvre. Mais, à l'endroit de ses enfants, il donne libre cours aux illusions, aux rêves. D'abord il leur faut une brillante éducation ; son fils fera des études complètes ; sa fille sera placée dans une pension. Puis il les voit instruits, occupant une place, riches, millionnaires, qui sait? Tout cela a pu servir à quelque chose autrefois ; mais, aujourd'hui, une brillante éducation peut être une excellente recommandation pour aider à ces pauvres enfants à mourir de faim. En ce genre, il y a de bien tristes et de bien affreuses choses à dire!

L'œuvre de la Miséricorde conseille à ses protégés de donner à leurs enfants une éducation en rapport avec la fortune présente de la maison ; une profession manuelle, un simple état même est préféré. Avec cela du moins on vit et on nourrit ses vieux parents. On dit : C'est triste, en vérité, de voir les rejetons de si honorables familles devenir des ouvriers!

» C'est triste, soit... mais c'est encore plus triste de les voir souffrir de la faim. C'est encore plus triste de les voir devenir des espèces de vagabonds. C'est encore plus triste de les voir trafiquer un peu de tout, même de l'honneur.

» L'œuvre de la Miséricorde fait toutes ces bonnes choses et bien d'autres encore. Aux conseils elle ajoute un secours d'argent, mais comme elle sait donner avec délicatesse, au commencement surtout! Tantôt l'argent est envoyé comme s'il était dû, tantôt il est déposé sur la cheminée, où il a l'air d'avoir été oublié; mais bientôt il s'établit entre le visiteur et le visité de si cordiales relations qu'il n'est plus nécessaire d'user de tous ces ménagements.

» Il y a là de plus un très-grand avantage. Je cite le rapport : A l'aide de l'intimité qui résulte nécessairement des visites continues, de la confiance qu'elles provoquent, de l'expérience qu'elles donnent, il est facile de se rendre compte des causes qui ont amené la misère, des moyens qui peuvent la finir; là se trouve le plus sûr enseignement, la meilleure école de charité, le plus éloquent témoignage de l'utilité de notre œuvre; c'est là que l'on apprend combien elle est secourable, et comme elle arrive à propos.

« En additionnant les ressources quotidiennes des familles adoptées, en comparant ce qu'elles reçoivent et ce qu'elles dépensent, en entrant dans tous les secrets de leur pauvre petite économie domestique, on aperçoit que les secours, à peine trimestriels, de la Miséricorde, qui semblent si petits en présence de si grands besoins, sont précisément cet appoint qui manquait pour arriver au plus strict nécessaire, qui comble le déficit de cet humble budget, et qui, s'il n'enlève pas la gêne et les privations, écarte au moins les tortures extrêmes de la faim, et prévient le désespoir. »

L'œuvre de la Miséricorde est encore une œuvre à populariser... Il y a bien plus de misères cachées qu'on ne le pense. Cela doit être, du reste, après tant de commotions et avec cette fièvre de spéculations, de luxe, de plaisir et d'orgueil. La misère cachée, elle est partout, on est consterné de la trouver là où nul ne l'eût attendue. C'est au point que l'on est tenté de se demander : Y a-t-il encore une famille si riche ou si noble, qui n'ait un de ses membres dans un galetas où il pâtit?... Vraiment on devrait bien croire à l'instabilité de la fortune et ne pas porter envie à la richesse. Un superbe équipage passe à côté de vous ; hélas ! qui sait si ces heureux du moment, dans quelques années ne rouleront pas à pied dans leur chaussure, comme tout le monde, si toutefois ils ont des chaussures !

Une femme a *régné* dans de superbes appartements, elle a reçu chez elle l'élite de la société, c'était même une gloire d'être admis dans ses salons. Aujourd'hui elle habite une mansarde où certainement un concierge qui se respecte ne voudrait pas loger son chien. Pauvre femme ! dans l'hiver elle est transie de froid, dans l'été elle étouffe.

Il faut l'entendre parler de ses anciens visiteurs, sa parole est à la fois poignante, éloquente et burlesque... « Les malheureux ! s'écrie-t-elle, voilà pourtant comme ils m'abandonnent, je leur écris et ils ne me répondent seulement pas, moi qui les ai tous vus à mes pieds... Ils se posent en gens sérieux, ils font les gens sérieux... Eux, un tas de niais et de grands imbéciles qui dépensaient leurs ressources d'esprit à me tourner des compliments sur mes dîners, mes meubles, mes bougies, ma musique, ma voix, mon pied, ma main, mes fleurs, mes chevaux et même sur mon chien... Aujourd'hui qu'ils me paient seulement une place aux Incurables ou aux Petits-Ménages, voilà tout ce que je leur demande, mais ils ont trop peu de cœur pour le faire... »

L'Œuvre de la Miséricorde ne donne des secours qu'à ceux qui ne sont pas inscrits aux bureaux de bienfaisance, de sorte qu'il n'y a pas à craindre les doubles emplois ; mais aussi, à ces pauvres, elle ne peut donner ordinairement que de toutes petites sommes; ailleurs on dirait merci avec effusion; ici on serait humilié... Outre les secours d'argent, elle donne de plus, des vêtements, du chauffage, des médicaments, fait des avances dans certains cas d'urgence, cherche à procurer du travail, un emploi, poursuit les réclamations, fait valoir les droits, et s'occupe des affaires contentieuses de ses protégés.

Voici ses moyens de battre monnaie pour les pauvres : chaque membre titulaire donne vingt francs, chaque membre affilié en donne cinq ; puis elle fait une loterie ou une vente, donne un concert. Enfin chaque année un sermon de charité est prêché en sa faveur.

Le moyen des loteries est connu, trop connu peut-être ; mais enfin, il ne faut pas l'abandonner, parce que quelquefois on en a abusé ; mon Dieu ! de quoi n'abuse-t-on pas sur cette terre? La grosse affaire est le placement des billets ; c'est souvent un martyre, non le grand et glorieux martyre qui, d'un seul coup, tranche la tête et la couronne, mais le petit martyre, le martyre à coup d'épingles, qui vous donne seulement les blessures dans le présent, et ne vous promet la couronne que pour l'avenir. Il faut donc savoir bon gré à ceux qui ont le courage de l'affronter.

Il est une charité, dit M. le rapporteur, à laquelle on veut à peine donner ce nom, parce qu'elle ne quitte pas les salons, se passe au milieu des fêtes, s'exerce entre des lumières et des fleurs, et qui pourtant est plus pénible, par conséquent plus méritoire, et en même temps plus nécessaire aux œuvres. Il est beau de représenter les riches auprès des pauvres ; mais, comme je le disais tout à l'heure, un tel ambassadeur n'est jamais importun, et ne recueille sur son passage que des témoignages de reconnaissance et de respect. Mais représenter les pauvres auprès des riches, se faire mendiant dans un salon pour qu'ils ne mendient pas dans la rue; prêter sa voix à leur plainte, pour qu'elle ne soit pas repoussée; s'exposer au reproche d'importunité, affronter les refus, braver le mécontentement, pour que demain une œuvre puisse dire à une famille au désespoir, à de pauvres enfants qui pleurent, à une pauvre mère qui souffre encore plus de la faim de ses enfants que de la sienne; à un vieillard dont on va vendre à l'encan le mobilier, fruit de longs travaux; à un père qui voit mourir son fils, faute de médicaments et de médecin : Ce pain, le voilà; ces meubles ne seront pas vendus; ce malade sera soigné et guéri; c'est là une grande, une admirable charité. On pourra en blâmer les excès, l'attribuer à la vanité et à l'amour du monde. Dieu, qui mesure la grandeur des actes aux sacrifices qu'ils imposent, et qui sait que la demande coûte beaucoup plus que le don, tiendra meilleur compte encore de l'aumône à la main qui la recueille qu'à celle qui la répand.

Mais voici une autre industrie, je l'aime

parce qu'elle est populaire, moins usée, et qu'elle donne une part à tout le monde dans la charité : c'est une vente...

Quelques dames se dévouent, elles se font demoiselles de comptoir, filles de boutique pour les pauvres.

Mais pour vendre, il faut des marchandises ; elles se trouveront. D'abord on a les ouvrages faits par les pauvres ; puis on se met au travail pour son propre compte, et on s'en acquitte avec tant d'ardeur que même l'imagination ne rêve presque plus, ou bien dans ses rêves elle ne voit que des pauvres joyeux, vêtus, nourris, consolés, et puis sous ces doigts effilés jaillissent de petits chefs-d'œuvre de tapisserie, de broderie, de peinture peut-être, d'habits d'enfants. Toutes les années les jeunes pensionnaires des couvents sont requises d'en faire autant. Ensuite, on fait une visite à tous les fournisseurs, à tous les fabricants et marchands du quartier. L'épicier donne des oranges ou du sucre, le cordonnier une paire de pantoufles, la modiste un bonnet, le marchand de nouveautés un coupon d'étoffe, le passementier des rideaux, le boulanger une brioche, le pâtissier des gâteaux, le marchand de jouets, le Giroux du quartier, donne force polichinelles, soldats de papier et chevaux de carton, le fruitier du coin donne de superbes poires ; les aînés donnent tous ces petits objets, toutes ces chinoiseries qui servent à orner les appartements. Les auteurs donnent des livres, les poètes leurs œuvres complètes : au moins ils pourront se vanter qu'un exemplaire de leur poésie s'est fort bien vendu.

Le tout est disposé dans un vaste salon, sur des tables, avec un pêle-mêle qui ne manque pas de grâce. Les ministères prêtent souvent les leurs avec le plus louable empressement. Les dames sont à leur comptoir par groupe de femmes et de jeunes filles. Les amis ont été sommés de se rendre à ces magasins d'un nouveau genre, ils y viennent en foule ; on n'est pas fâché de voir comment s'acquitteront de leurs fonctions ces femmes qui portent si bien une grande fortune et un grand nom ; et bientôt on est forcé d'acheter. Comment résister à ces regards si engageants, à ces pures et chastes séductions, à toutes les amabilités qui sollicitent l'argent des acheteurs ?... Aussi faut-il payer cher : une orange se paie deux francs, un pâté vingt francs, un verre de malaga trois francs, on ne rend pas la monnaie, c'est le menu du métier. Quelle joie pour celle qui a pu faire payer un bouquet vingt francs, une bourse, un mouchoir quarante francs, dix fois sa valeur ! après cela que d'aimables sourires elles laissent tomber de leurs lèvres pour remercier l'acheteur !

C'est chose vraiment curieuse de voir d'anciens militaires tombés au milieu d'une vente, ils sont ordinairement généreux ; ils peuvent se vanter que leur bourse est en pays ennemi, mais l'ennemi c'est le pauvre, et nos braves militaires ne savent pas combattre cet ennemi-là, ils ne savent que le soulager...

Un général était venu à une de ces ventes, son cœur s'était attendri, sa bourse, quoique passablement garnie, fut bientôt vide ; comme il était bon payeur, on lui fit crédit, et il s'en retourna certainement plus criblé de dettes que de blessures. Ses poches étaient remplies d'oranges, de bas, de poupées, de livres, de bonnets ; de plus, il était propriétaire d'un très-grand cheval de bois qu'il ne savait comment emporter.

S'il n'avait pas mieux protégé son drapeau contre l'ennemi qu'il ne sut protéger sa bourse, il n'eût pas même mérité d'être caporal.

Voilà encore une bonne charité ! voilà la mission de la femme ! voilà les succès qu'elle doit obtenir, les triomphes auxquels il faut s'essayer ! voilà une industrie qu'elles devraient bien introduire dans les autres villes ! Après cela, le vieillard bénit, les petits enfants sont vêtus, et la mère, dans l'effusion de sa reconnaissance, s'écrie : Merci ! ô merci ! vous nous sauvez la vie... Après cela, on a de quoi retirer les petits enfants de la rue. A cet égard, il y a en France des villes si insouciantes !... J'arrive de vacances... J'ai vu des choses navrantes... Je me fâcherais si je n'écrivais dans un journal de charité... Oh ! les méchantes gens ! les sans pitié de gens que les habitants de certaines petites villes !

Je ne sais s'ils s'occupent de l'amélioration des races animales ; mais je sais que l'espèce humaine est parfaitement négligée... Là, de petits enfants vagabondent, mendient, se battent, blasphèment dans les rues, et font à leur aise pièce à la charité et à la police de l'endroit ; le bon bourgeois, orné de son col empesé, de son parapluie et de sa femme, se promène avec un calme béat au milieu de ces pauvres petits déguenillés ; on dirait qu'il croit qu'ils sont nécessaires à l'animation de la cité.

Qu'il s'agisse d'intérêts matériels, c'est autre chose; qu'il soit question de choisir l'emplacement d'une gare, d'une halle, d'un marché, d'une fontaine, alors on se remue, on va, on vient, on parle, on écrit, on obsède de sa prose les journaux de la localité; mais de pauvres petites créatures humaines, des chrétiens, des hommes, tombent dans la dégration, sont sur le chemin du vice, du crime, du bagne, on n'en a nul souci. Quand ils seront devenus voleurs, alors seulement, ils seront dignes de fixer l'attention.

Mais je reviens à la *Miséricorde*, nous en en avons besoin, et je dis qu'il serait bon d'établir cette Œuvre dans toutes les grandes villes de France. Les pauvres honteux ne savent à qui s'adresser. Cela les empêcherait de venir à Paris disputer places, travail et charités à des gens qui n'en ont pas déjà assez.

CHAPITRE VI.

Œuvre des prisons.

Voici une affreuse misère, une des hontes de l'humanité : l'homme flétri et sequestré par la loi. Ici, à la souffrance du corps et de l'âme vient encore s'ajouter le crime. La charité parisienne n'a pas repoussé cette misère ; au contraire, suivant l'expression de saint Paul, elle s'est montrée *patiente et affectueuse* pour elle. On dit quelquefois : Les absents ont toujours tort ; avec la charité de Paris, cette parole n'est pas vraie, alors même que ces absents sont des criminels ; elle s'est souvenue de ce mot de l'Évangile : *J'ai été en prison, et vous m'avez visité.*

Plusieurs œuvres se sont formées dans le but de secourir ces pauvres bannis de la société... *L'œuvre des dames visitant les prisons ; l'œuvre des prisonniers pour dettes ; l'œuvre du patronage des jeunes libérés ; l'œuvre du patronage des jeunes filles détenues et abandonnées ; l'œuvre des prévenus acquittés; l'œuvre du patronage des condamnés libérés;* toutes ces œuvres sont faites par des gens du monde.

L'œuvre des dames visite les prisonnières, leur fait des instructions sur la religion, surveille leurs ateliers, distribue des secours, et les place à leur sortie comme ouvrières ou domestiques. La présidente est Mme la marquise de Lagrange; la secrétaire, Mme Lechevalier.

L'œuvre des prisonniers pour dettes a pour but surtout de délivrer ceux qui se recommandent par leurs malheurs et leur probité; elle choisit de préférence les hommes dont la liberté et le travail sont le plus nécessaires à leurs familles.

Elle a aussi pour objet de porter des consolations aux familles de ces mêmes prisonniers, et d'assister ceux qu'elle a rendus à la liberté en leur donnant les premiers fonds nécessaires pour reprendre leur commerce ou leur état. La présidente-trésorière est Mme des Glajeux, le secrétaire M. Hamelin.

L'œuvre des jeunes libérés donne à celui qui sort de la prison un maître, un patron qui le protége, le surveille, l'encourage et l'aime... Aussi, depuis plusieurs années, les récidives ne dépassent pas sept pour cent.

Cette société est administrée par un conseil général présidé par le comte de Béranger.

Enfin l'œuvre des condamnés libérés vient de se fonder, sous la direction de M. l'abbé Hugon, aumônier de la Roquette, avec le conseil des membres de la société de Saint-Vincent-de-Paul. C'est une grande question que l'amélioration des prisonniers. On aura beau faire des systèmes, on ne l'obtiendra jamais sans le concours de l'Évangile. Le crime est une maladie de l'âme; or, il n'y a que la pensée religieuse qui puisse aller le chercher là et l'en déloger. Il faut donc que cette religion se montre au coupable environnée de toutes les amabilités de la charité : c'est ce qu'elle fait à Paris.

Pauvres hommes! quelle existence! quelle vie!... Oh! quand on sort d'une prison le dimanche, à Paris, et que l'on voit tous ces groupes joyeux, insouciants, comme le cœur est attristé. Ils sont coupables, c'est vrai, ils sont malheureux par leur faute; mais qui n'est souvent malheureux par sa faute sur la terre? on n'en est pas moins digne de pitié.

Ce sont des créatures humaines, ils ont un cœur, une âme, des parents qui les aiment, ou s'ils n'ont plus personne pour les aimer, si on les a reniés, ce qui n'est pas rare, ils n'en sont que plus dignes de pitié.

Et puis, disons toute la vérité, sont-ils les seuls coupables ? Les mauvaises doctrines hautement professées n'ont-elles point contribué à les égarer? Il y a de certains livres qui ont donné plus d'un hôte à ces asiles de la douleur...

Quelqu'un visitait un jour une prison, et remarqua entre tous, un jeune condamné. Malgré sa chevelure rasée jusqu'à la racine et l'habit de bure du prisonnier, il était vraiment beau; on voyait sur tous ses traits, une expression indicible d'intelligence et de mélancolie. Il chantait des cantiques avec ses compagnons de captivité, et sa voix était ravissante.

Quand les chants furent terminés, le visiteur s'approcha du prisonnier et lui fit cette question :

— Devez-vous encore rester longtemps ici?

— Dix-neuf ans, répondit-il.

C'est bien long!

— Oh oui, Monsieur, mais je l'ai mérité.

A ces mots des larmes roulèrent autour de ses yeux, et il nomma sa faute. Ce n'était pas un crime contre la justice. Il appartenait même à une très-honnête famille.

— Mais, ajouta le visiteur, est-ce que vous n'avez pas été un peu averti du mal que vous alliez faire par la pensée de Dieu et de l'éternité?

— Oh! non, c'est bien là la cause de mon malheur... J'avais entendu des gens de beaucoup d'esprit s'en moquer...

Et ses larmes redoublèrent.

Il y a deux moyens de faire du bien aux prisonniers : l'honneur et l'affection.

Le condamné a de l'honneur... à sa façon. Ce n'est pas toujours de l'honneur de première qualité; mais enfin ce sentiment meurt rarement tout à fait chez lui.

On sait la parole des forçats du bagne de Toulon. Pendant la mission, le bruit se répandit faussement que le mouchoir de l'un des pères lui avait été volé dans une salle. Ils protestèrent énergiquement contre cette accusation : « Ce n'est pas possible, disaient-ils; ce serait *contre l'honneur du bagne.* »

Ils ont quelquefois une manière assez originale de mettre l'honneur en pratique.

Quatre voleurs étaient conduits dans une prison de Paris. Or, c'est la règle que chaque homme ne peut garder que cinq francs. L'un d'eux en avait vingt, et il eût bien voulu tout conserver... Il fit donc aux autres cette proposition : Voulez-vous me jurer sur l'honneur que si je vous donne à chacun une pièce de cinq francs, vous me la rendrez fidèlement une fois entrés en prison? Chacun d'eux répondit : Je le jure, et ils furent d'une rigoureuse fidélité... Mais leur parole d'honneur était sauve, et ils ne s'étaient engagés à rien pour l'avenir. Ils s'entendirent donc tous les trois, et volèrent au pauvre diable ses quatre pièces de cinq francs.

A coup sûr, voilà un honneur bien imparfait, un honneur en complète débine; néanmoins, il faut se servir de ces ruines pour refaire des hommes... L'homme flétri par la loi est si touché quand on paraît croire encore un peu à son honneur; il vous en sait si bon gré qu'il grandit à ses propres yeux, et qu'il vous estime un fort honnête homme. Dites à des scélérats qu'une chose est contraire à la loi, à la religion, ils s'en moquent; dites-leur qu'elle est contraire à la bonne éducation, au savoir-vivre, à l'honneur, cela les fait réfléchir, et ils se garderont bien de la faire.

Nous avons dit : Le moyen de relever le condamné, c'est de ressusciter en lui le sentiment de l'honneur, et puis de l'aimer... C'est ce que font les Œuvres de Paris qui s'occupent des condamnés...

On parle beaucoup de l'amélioration de ces pauvres tombés, on va chercher bien loin, on écrit de gros livres, on met son intelligence à la torture... Mon Dieu ! laissez donc tout cela et prenez un cœur bon et aimant, approchez-le de ce cœur flétri, perverti, saturé d'une haine de démon, et vous le verrez bientôt se transformer. Oh ! un peu de bonne affection et de confiance témoignée à un prisonnier, c'est si puissant, si imprévu, si rare ; c'est magique...

Deux hommes visitaient habituellement une prison de Paris ; c'était le domicile ordinaire des prévenus.

Or, il y avait là un accusé, fils d'une riche famille ; il était âgé de trente-deux ans, et il avait déjà passé sept ans de sa vie en prison, et, comme il le disait avec ironie, pendant que son frère roulait en superbe équipage aux Champs-Élysées, lui roulait dans les sabots de la prison... Il avait entre autres compagnons deux tout jeunes gens, enfants des rues qui n'avaient pas fait de première communion. Ils ne savaient pas même prier Dieu. Ces deux hommes charitables essayèrent de les instruire et de les préparer à ce grand acte religieux..., mais ils perdaient leur peine... Le prisonnier, qui avait la haine du bien et la rage du mal, détruisait vite ce qu'ils avaient fait par ses sarcasmes, il prenait un plaisir infernal à apprendre à ces enfants à prononcer des blasphèmes inouïs et des paroles infâmes...

Les choses en étaient là, quand l'un des visiteurs, cœur dévoué et habile dans la science des hommes, s'en va trouver le prisonnier dans un coin. La figure du visiteur était épanouie, et il avait presque le sourire sur les lèvres : — Mon ami, lui dit-il, j'ai confiance en vous, vous avez de l'esprit. Vous êtes bien au dessus de ceux qui vous entourent. Vous avez le malheur d'une mauvaise éducation ; je vous ai souvent entendu le déplorer. Eh bien ! nous avons ici deux pauvres enfants de la rue, qui ont été élevés en païens, je vous les confie, je les remets entre vos mains. Il faut que vous nous aidiez à les instruire : vous les empêcherez de jurer, de prononcer de sales paroles, et pourquoi ne leur apprendriez-vous pas leurs prières? Ce serait digne de vous, mon ami, votre cœur est fait pour avoir pitié de l'enfance... Le pauvre homme resta stupéfait, étourdi, mais enchanté; il accepta la mission qui lui était proposée, et, à partir de ce jour, les deux jeunes prisonniers perdirent l'habitude de jurer et d'autres habitudes encore. Il récompensait même par des douceurs leur sagesse et leur zèle à s'instruire, et la première communion se fit de la manière la plus édifiante...

Voilà qui vaut mieux pour améliorer les hommes que toutes les théories, tous les raisonnements, tous les systèmes et tous les livres; on ne résiste pas à ces arguments-là, à moins que tout l'homme ne soit mort, alors il n'y a plus rien à faire...

Inutile de dire que lui-même devint bientôt meilleur. Pauvre prisonnier! il fallait l'entendre stigmatiser les vices et les doctrines de ce temps-ci; sa parole était à la fois burlesque et sanglante. Les hommes tombés voient si bien ce qui leur a manqué. Pourquoi ne l'ont-ils pas vu plus tôt? Néanmoins, en les entendant, on ne peut s'empêcher de dire tout bas en baissant les yeux : Hélas! il y a du vrai dans leurs accusations.

— Je suis coupable, j'en conviens, disait-il, mais je ne le suis pas tout seul... Est-ce qu'il y a encore de l'éducation en France?... Aujourd'hui d'abord il n'y a plus de pères; l'espèce s'en va. Si cela dure, la graine en sera bientôt perdue! Car on ne peut pas appeler pères la plupart de ceux qui portent ce nom. Ils s'en viennent vous dire magistralement : Je veux que mon fils ait des principes!... J'entends que mon fils ait des principes!... Des principes! des principes! ils en ont, eux!... Mais à la place ils ont autre chose... Ils ne respectent pas même leurs cheveux blancs!... Et puis ils osent parler morale à leur fils!... Dérision!... Mon père, à moi, peut bien se vanter de m'avoir logé ici!...

Quant aux mères, elles sont meilleures; mais c'est si faible! D'abord, ça commence par bien gâter le poupon; plus tard il en profite. Alors la mère est là qui lui dit : Tu verras, tu vas voir! Le gaillard prend goût à toutes les sottises qui lui passent par la tête, et il ne voit rien du tout. Pour peu que la mauvaise chance s'en mêle, en voilà encore un, si on lui rend justice, qui pourra bien mériter de venir loger ici avec moi !...

Hélas! faut-il que nous donnions quelquefois raison aux méchants !

Mais revenons à la puissance de la charité; elle est capable de pénétrer des cœurs de bronze.

Un autre prisonnier était un homme redoutable. Il avait mérité d'être mis au cachot; mais il repoussa les hommes qui voulaient l'y conduire; puis s'armant d'un énorme bâton, il se réfugie dans un chauffoir et menace de briser la tête au premier qui approchera.

Sur ces entrefaites arrive un prêtre qui avait su se faire aimer du condamné, il entre dans la pièce, l'exhorte, lui donne les meilleures raisons... Mais l'homme reste impassible et morne. Alors le prêtre se tourne vers les gendarmes et leur dit : Mettez-moi les chaînes, à moi, puisque monsieur ne les veut pas; c'est moi qui les porterai pour lui... A ces mots, le condamné laisse tomber son bâton, vient lui-même présenter ses deux mains aux chaînes, et comme un agneau, se laisse conduire au cachot... O charité !... charité !...

Le cœur coupable ainsi imprégné de bons sentiments revient plus facilement à la religion, c'est une suite nécessaire. Le condamné a si grand besoin de croire en Dieu, surtout il a un si grand besoin d'espérer. C'est là que l'on retrouve encore la vertu du christianisme...

Un homme était atroce; plusieurs tentatives d'assassinat pesaient sur sa conscience, sa physionomie était sinistre et fauve, au point qu'un juge d'instruction, habitué à traiter avec ces hommes-là, disait : « Ses yeux me glacent et m'épouvantent. »

Après sa condamnation, il se convertit, se confessa, reçut la communion, sa figure changea complétement. Nul ne le reconnaissait, pas même ce juge qui l'avait longuement interrogé. Chose étrange! une auréole de bonté semblait se promener sur ce visage qui avait été si souvent contracté par de noires et homicides pensées; il a persévéré, et il s'est si bien conduit que déjà son bagne à perpétuité a été commué à vingt ans de prison...

Il est chez le coupable un sentiment qui ne meurt jamais : c'est l'amour de sa mère! Il ne faut pas manquer de le cultiver, parlez-lui de

Dieu, de loi, de force... sa parole est brutale; parlez-lui de sa mère, de son enfance... sa parole s'apaise et son cœur s'attendrit. C'est peut-être là le dernier sentiment qui s'éteint dans l'homme; quand il est mort, il n'y a plus de prise, tout l'homme est mort.

C'est sans doute pour cela que nos prisons sont encombrées d'hommes qui furent des enfants trouvés, et c'est pour cela aussi qu'il est si difficile de les ramener au bien. Pauvres hommes! ils n'ont jamais connu les douceurs et les épanchements du cœur maternel... Leur âme est encore sauvage... Il y a même du Caïn en eux, ils se croient maudits, et ne savent que haïr...

Chose étrange! il y en a qui seraient bien fâchés de se corriger, ils ont choisi la prison pour leur domicile. Un de ces malheureux enfants du vice disait il y a quelque temps : *Moi*, je ne suis pas prisonnier comme les autres; on me permet de sortir pour faire des commissions, on n'a pas du tout peur que je ne revienne pas, au contraire. En effet, un jour il était libre et sur le pavé, c'était le commencement de l'hiver, et il sentait le besoin de se procurer un gîte. Il commit donc ostensiblement un petit vol; on l'arrêta, c'est ce qu'il cherchait... Mais conduit au parquet après son interrogatoire, le procureur lui dit : La prévention n'est pas suffisante; allez-vous en, vous êtes libre... Cela ne faisait pas son affaire, alors voilà notre homme qui prend son sabot, frappe à coups redoublés sur les vitres, casse cinq ou six carreaux et puis se retourne avec le plus grand sang-froid vers le magistrat : Monsieur le procureur, dit-il, est-ce *suffisant ?*... faut-il encore en casser? Bon gré mal gré il fallut bien lui faire la grecieuseté de l'envoyer passer ses quartiers d'hiver en prison...

Nous avons dit : Le dernier sentiment qui meurt chez l'homme flétri par sa vie et par la loi, c'est l'amour de sa mère. Aussi ceux qui s'occupent des œuvres de prisonniers, à Paris, ne manquent-ils pas de le cultiver, et si cette mère a été un peu digne de ce nom, son seul souvenir est souvent la source d'un sincère retour au bien... C'est par là qu'il faut presque toujours commencer.

Après avoir gagné sa confiance, vous lui demandez : Avez-vous encore votre mère? La réponse fût-elle négative, le sentiment n'est pas moins vivant.

— Est-ce que vous aimez bien votre mère?

— Sans doute, répond-il presque blessé, est-ce que ça se demande!

— Est-elle bonne et religieuse?

— Oh! vous savez, les femmes, c'est toujours plus dévot que les hommes.

— La pauvre mère a dû et doit encore bien souffrir de vos malheurs. (Ne dites jamais de vos fautes.)

Quelquefois il ne répond pas ou il répond par un soupir, quelquefois il cherche à cacher son émotion, à retenir une larme.

Vous lui dites : C'est bien, mon ami, je vois que vous avez du cœur... Eh bien, il y aurait un moyen de consoler votre bonne mère, ce serait de vous repentir, de changer; qui sait? de vous réconcilier avec Dieu... Oh! qu'elle serait heureuse d'apprendre cette bonne nouvelle, mon ami, courage, courage! il y a du bon en vous, vous n'êtes pas un être dont on désespère... Je le sens, il vous est encore possible de retrouver la vertu, la probité, l'honneur. En un mot, dites tout ce que votre cœur vous inspire. Et puis en le quittant vous avez pour lui un affectueux serrement de main, et si votre position le permet, pourquoi ne déposeriez-vous pas sur cette joue flétrie l'affectueux baiser d'un frère? Après cela, la veine est ouverte, qui sait si la douce onction de l'Évangile ne finira pas par s'y insinuer? qui sait si le pauvre tombé, après avoir aimé sa mère qui est sur la terre, ne finira pas par aimer son père qui est aux cieux, car rien ne ressemble plus ici-bas à l'amour de Dieu, que l'amour qu'on a pour sa mère.

Oh! si les mères voulaient, si elles savaient que de bien elles pourraient faire, que de mal elles pourraient empêcher sur le cœur de leur fils! A moins qu'il ne soit un être tout à fait pervers, leur puissance est irrésistible.

Hélas! bien trop souvent, dans ce vaste Paris, nous avons rencontré des hommes couchés sur le lit de la mort ou jetés dans une prison par le vice ou le crime; eh bien! savez-vous quelle était leur plus grande douleur? Était-ce la perspective du trépas ou d'une longue captivité? Non, non.

Écoutez ce malheureux jeune homme causant avec le prêtre qui est venu le consoler... Mon père, dit-il, c'est bien dur, n'est-ce pas, de mourir à mon âge, de passer les plus belles années de ma vie en prison avec la pensée qu'on a déshonoré une famille jusque-là irréprochable?

Mais, mon père, ce n'est pas encore-là ma plus grande douleur, mon plus grand chagrin, ma plus grande peine ; c'est ma mère, c'est la douleur que je lui ai causée ; le seul souvenir de ses larmes me brise... Oh ! la pauvre mère ! si je l'avais donc écoutée, je ne serais pas ici. Mon père, voulez-vous lui écrire pour lui demander pardon pour moi ? Vous lui écrirez quand je serai mort, n'est-ce pas ? vous la prierez de ne pas me maudire, au contraire, de me pardonner ; vous lui direz que je me repens, que je meurs en chrétien, et que je la supplie à genoux de déposer son pardon sur ma tombe. Et ce seul souvenir était pour lui l'ange de l'expiation.

O mères ! voilà votre ouvrage, voilà ce que vous savez faire quand vous êtes bonnes !... Voilà comme vous protégez votre fils, alors même qu'il est loin de vous ! vous êtes aimées, vous le savez bien, mais vous ne savez pas tout. Le cœur de votre enfant, alors même qu'il se révolte et qu'il blasphème, tient au vôtre par un lien indestructible ; votre puissance est magique, il y a des paroles de sa mère qu'on n'oubliera jamais, et dont le souvenir fait parfois monter les larmes aux yeux. Parlez donc à vos enfants, ô mères ! pénétrez-les de vos bonnes paroles, mais parlez avec cette prudence, avec ce dévouement affectueux qu'une mère ne demande jamais en vain à son cœur; de temps en temps dites-lui quelques-unes de ces bonnes paroles comme vous les savez dire, montrez-lui vos yeux humides de larmes, il pourra bien ne pas vous écouter, vous repousser, mais vos paroles seront des traits qui iront s'enfoncer dans son cœur... Bon gré mal gré la blessure y sera... plus tard elle saignera, mais ce sera pour lui le sang de la régénération.

Mais c'est surtout quand le condamné est encore jeune qu'il est facile à ramener... La charité de Paris y a songé, et bien vite elle a associé sous sa bannière une réunion d'hommes et une réunion de femmes pour protéger les jeunes détenus et les jeunes libérés.

La Société de patronage pour les jeunes détenus et les jeunes libérés a obtenu les plus consolants succès. Un de ses jeunes protégés, aujourd'hui sergent-fourrier dans l'armée, écrivait ces lignes à ses bienfaiteurs :

« Mon colonel vient de me nommer sergent-fourrier; je vous prie d'annoncer cette bonne nouvelle à mes bienfaiteurs et aux membres de votre compatissante Société, afin de prouver à tous les jeunes gens qui s'écartent une fois de la bonne voie, qu'ils peuvent y rentrer avec de la persévérance et du courage. Pour me soutenir, je regarde souvent en arrière, et, voyant le point d'où je suis parti, je bénis le ciel de ce qu'il m'a fait rencontrer une association d'hommes bons et charitables qui ont bien voulu protéger ma faiblesse et me servir de guides... »

« Un autre, patronné par M. Schmitt, je laisse parler le rapporteur, a montré combien il est facile, quelles qu'aient été les erreurs de la jeunesse, et lorsqu'on le veut fermement, de triompher de soi-même, et de devenir un honnête homme. Nul n'a d'ailleurs été plus assidu que lui à nos réunions mensuelles ; sa tenue, sa politesse forment un contraste avec celle de bien d'autres ; il s'est marié, et cette union, qui a été contractée sous les auspices de la religion, recevra, nous en avons l'espoir, les bénédictions que le ciel accorde à ceux qui marchent dans ses voies. La Société lui remet les 50 fr. qu'elle accorde en pareil cas. »

Les dames patronesses des jeunes filles ont obtenu les mêmes résultats.

Il est pourtant bon de dire que la femme

tombée, quand elle arrive à un certain âge, est plus difficile à relever que l'homme : il faut que sa chute soit bien profonde...

Vous lui parlez, elle n'écoute pas, elle suit toujours son idée, ou plutôt son sentiment... Il ne faut pas se déconcerter, car au moment où vous croyez être plus persuasif, plus pathétique, où vous vous trouvez assez content de vous-même, elle vous jette à la face une bonne grosse sottise, si imprévue que quelquefois vous ne savez trop si vous devez rire ou vous fâcher.

Une femme était en prison, et son âme était remplie de fiel... Elle avait de la haine contre tout le monde... contre les juges, contre les jurés, contre son avocat, contre ceux qui l'avaient fait prendre, même contre ceux qu'elle avait volés... Quelqu'un, pour attendrir son cœur, lui disait un jour : « Mais enfin, ma pauvre femme, il faut bien pardonner, que voulez-vous? vous êtes innocente, vous avez toute la justice pour vous, j'y consens; vous êtes victime... Eh bien! Jésus-Christ, lui aussi, était innocent... et non-seulement on l'a jeté en prison, mais on l'a traîné à une mort ignominieuse, et il a pardonné à ces Juifs qui étaient ses bourreaux. — *Oui*, répondit-elle avec sang-froid, *on met tous ces mauvais traitements-là sur la conscience des Juifs, mais je ne serais pas surprise qu'il y eût encore du fait des Français ; ils en sont bien capables ; ils sont assez méchants pour cela...* » Il fallut abandonner la partie.

Donc, pour nous résumer, c'est chose excellente de s'occuper des condamnés ; c'est mieux encore de former des associations pour leur faire du bien ; chaque grande ville au moins doit avoir la sienne.

Je le sais, il y a des cœurs pervertis, incorrigibles, vendus au mal... Ceux-là, on dit qu'ils doivent être abandonnés à leur triste sort... Pourtant faut-il !...

Mais enfin, il y en a d'autres qui ne sont qu'égarés, qui peuvent mériter estime et confiance.

Je n'aime pas cette implacable sévérité qui les repousse tous... Je reconnais bien là le monde ! Par ses exemples, par ses paroles, par ses livres, il entraîne un homme dans la mauvaise voie... Le malheureux tombe... Alors le monde impitoyable s'écrie : Voilà un scélérat à tout jamais !... Mais qui l'a mené à l'abîme ? qui a exalté, patronné toutes ces passions qui conduisent au crime? Comme le disait dernièrement un grave magistrat en pleine cour d'assises : « C'est toujours le désordre qui conduit au crime. Tous les jours, messieurs les jurés, hier encore, aujourd'hui, demain, vous le reconnaîtrez, les accusés qui comparaissent devant le jury, sont presque tous des individus qui ont commencé par manquer aux premiers devoirs de la famille et de la moralité. Il serait désireux que nos paroles fussent entendues partout. »

Eh bien ! tout cela est prôné, est paré, est exalté dans ces livres que vous lisez, que vous encouragez, que vous avez contribué à populariser, que vous laissez traîner sur votre comptoir, sur la table de votre salon, dans vos appartements, sous la main de vos domestiques, de vos enfants, en disant : Ça ne me fait rien, à moi ; ça m'amuse, voilà tout. D'autres sont victimes, alors vous vous écriez : Ce sont des gens affreux, des gens qui ont forfait à l'honneur, des gens qu'il faut enchaîner comme on enchaîne une bête fauve, de peur qu'elle ne vous fasse du mal... Pas tant de zèle et pas tant de probité, vous feriez naître des soupçons ; j'aime mieux cette bonne et douce parole : *Que celui qui est fort tende la main à celui qui est faible, et que celui qui est debout prenne garde de tomber.*

CHAPITRE VII.

Œuvre de la visite des pauvres malades dans les hôpitaux.

Nous avons visité les prisons, suivons la charité de Paris à l'hôpital, car elle veut explorer tous les asiles des misères du corps et des misères de l'âme, rien ne l'arrête. C'est le cas d'appliquer cette divine parole : *La charité est forte comme la mort.*

L'hôpital ! oh l'hôpital ! de loin et même au premier abord ce mot glace et serre le cœur ! C'est le séjour des souffrances, des affreuses plaies, des cris, de la contagion, de la mort.... Eh bien, des femmes délicates, habituées aux douceurs de la vie, bravent tout cela, affrontent ce mauvais air, la terreur des femmes du monde mondain, ce qui pourtant ne les empêche pas d'avoir presque toujours une *santé détestable.* Une association de dames pour la visite des malades dans les hôpitaux s'est donc formée il y a longtemps à

Paris. C'est une des plus anciennes œuvres de charité.

Aujourd'hui elle a pour présidente Mme la comtesse de Gontaut-Biron ; Mme la comtesse de la Bouillerie est trésorière; Mlles Picot et de Guinaumont sont secrétaires.

Le mécanisme de cette œuvre est admirable; elle est divisée en trois classes de personnes.

Il y a d'abord les dames qui, entièrement libres, et ayant le courage de voir le mal de près, visitent les salles de malades ; elles portent le nom de *dames visiteuses*. Après viennent les dames qui, étant moins libres, retenues par des devoirs d'état, et aussi peut-être un peu moins hardies, visitent les familles des malades, remplacent la mère auprès de ceux qu'elle a laissés dans l'abandon, ou bien vont la visiter elle-même pendant sa convalescence, et l'aider à sortir des difficultés du moment ; elles s'appellent *dames assistantes*.

Enfin, il y a une troisième classe de dames qui recueillent des dons et des souscriptions; elles sont connues sous le nom de *dames collectrices*. Il y a de plus un ouvroir où chaque vendredi viennent travailler pour les pauvres des dames et de jeunes personnes, de sorte que trois générations de femmes peuvent concourir en même temps à l'œuvre : la mère visite les malades, la fille recueille des aumônes, et la petite-fille regarde comme un bonheur et une récompense de venir travailler à l'ouvroir pour ceux qui sont visités et secourus.

Donc, à certains jours de la semaine, la bonne visiteuse quitte sa maison, va à l'hôpital, parcourt les salles, s'arrête auprès du lit des malades, les console, les écoute, les encourage, les instruit, leur rend de petits services, leur parle de Dieu et des espérances de la religion, et appuie ses consolations de quelques douceurs.

Les jours sont longs et l'ennui gagne bien vite quand on est malade, ces dames y ont songé : elles ont dans chaque hôpital une bibliothèque choisie ; elles prêtent des livres et même font la lecture à leurs chères malades. Quelques-unes ont dû à ces lectures leur retour à Dieu, et ont demandé à emporter à la maison le livre qui avait été pour elles l'ange du salut.

Il est impossible de raconter toutes les industries du cœur qui sont mises en usage pour adoucir les rigueurs de la souffrance; on dit même que de temps en temps ces dames vont jusqu'à chanter auprès du lit de leurs malades, pour mettre un peu de baume dans ces âmes brisées; car, on le sait, quand la femme du peuple est malade à l'hôpital, un souvenir l'accable. Sa maison, son mari, ses enfants, que vont-ils devenir? Et puis si elle allait mourir.. hélas! ses enfants, qui en prendra soin? Mon Dieu, qui aura pitié de ses enfants?

La bonne visiteuse sait tout cela, elle est mère aussi... c'est pourquoi elle redouble de zèle et d'attentions, elle se penche avec amour sur le lit de cette pauvre mourante... Oh! qu'il est beau de voir ces deux femmes, ces deux mères, l'une couchée sur le lit de la douleur, l'autre assise auprès d'elle!... Sans presque parler, on se comprend, on aime et on est aimé... Et si la pauvre femme doit mourir, lorsqu'elle s'est écriée : Ah! mes enfants, mes pauvres petits enfants, vous ne les abandonnerez jamais, n'est-ce pas, jamais? le trépas lui est moins amer, la séparation moins affreuse.

Voilà un moyen bien efficace de réconcilier les classes populaires avec les classes riches. Ces pauvres gens sont si touchés quand on ne les abandonne pas après leur rétablissement et plus d'une fois elles se sont écriées : *Oh ! la bonne dame !...*

Inutile de dire que ces visites profitent à l'âme.

Le plus sûr chemin pour mener à la foi, c'est la charité, nous ne nous lasserons jamais de le répéter. L'aumônier de l'hôpital est zélé, les religieuses sont admirables, mais enfin quand ils parlent de religion, le malade est un peu porté à penser que c'est leur *métier*... Mais une femme du monde, riche, libre, pouvant jouir largement de la vie chez elle, s'en venir dans un hôpital, donner des consolations à des malades pauvres, quelquefois rebutants, c'est une chose vraiment surnaturelle, divine ; c'est une apparition de l'autre monde.

Cette charité est souvent irrésistible dans la main de tous, c'est le plus fort de tous les arguments ; nous avons bien de la peine à le comprendre, nous autres éternels raisonneurs. La parole pour nous, c'est tout. J'ai dit tout ce qu'il était possible de dire, que voulez-vous que je fasse maintenant ? Ce qu'il faut faire ? de bonnes actions, des actes de dévouement, donner de votre repos, de votre amour-propre, de votre temps, de votre santé, de votre vie ; voilà qui mène les choses bien plus vite que la parole.

Dans un hôpital se trouvaient plusieurs dragons fort bons soldats, mais assez mauvais chrétiens ; l'un d'eux était gravement malade, et on l'avait déjà placé dans la chambre des malades désespérés. Deux prêtres avaient fait tous leurs efforts pour le déterminer à se réconcilier avec Dieu ; ils avaient usé de tous les moyens dont on use quand on voit un homme qui va entrer dans son éternité, et ils avaient été malheureux dans leurs efforts, on s'en était moqué.

Un de ces prêtres retourne le lendemain, et il trouve à côté de ce malade quelque chose dont l'odeur l'incommodait. — Que vous êtes mal, mon pauvre ami ! lui dit-il ; indiquez-moi où je pourrais porter ce qui vous gêne, et je vais vous en débarrasser. Le militaire touché lui répond en balbutiant... et le prêtre s'empresse de lui rendre ce service. Alors le soldat fait venir ses camarades près de son lit, et leur dit avec une franchise militaire et pleine de tous ses préjugés : *Mes amis, vous direz tout ce que vous voudrez, je vais me confesser : voilà un curé qui n'est pas comme les autres; celui-là pratique sa religion. Vous ne savez pas ce qu'il a fait pour moi? Ce que ferait à peine un domestique!...* Et tous d'applaudir. Il se confessa; et ses camarades, entraînés par l'exemple et par cet acte de charité, en firent autant. Ils étaient si heureux ce jour-là, qu'une religieuse enviait leur bonheur.

Il y a aussi dans les villes de la province des hôpitaux et des malades qui les habitent, et il y a aussi, je l'espère, des cœurs de femmes pour comprendre ces misères, les visiter et les soulager. Si on ne l'a fait plus tôt, c'est faute d'y songer. Oh! oui, pitié pour la pauvre femme qui meurt à l'hôpital! pitié pour ses enfants! Elle a tant travaillé, tant souffert, tant pleuré dans sa vie... Elle est mère aussi... Mourir chez soi, entouré d'enfants qu'on laisse dans l'aisance, c'est déjà bien dur. Mais mourir à l'hôpital, avec la pensée qu'on laisse des petits enfants abandonnés, c'est trop de douleur pour la pauvre humanité. Oui, je suis bien sûr que dans chaque ville il se trouvera une femme de cœur qui voudra, en fondant cette œuvre, recueillir pour elle et pour ceux qu'elle aime, ces deux grandes choses qui portent bonheur : la bénédiction des mourants et le bénédiction des petits enfants.

C'est à l'hôpital surtout que la charité doit se montrer active, industrieuse, tendre, affectueuse, dévouée ; c'est le moment décisif. C'est le moment de ramasser des âmes au milieu des corruptions et des douleurs de la vie pour les porter au bonheur, au ciel.

C'est ce que fait l'*Œuvre des dames visiteuses des malades*, elle ne recule devant aucun sacrifice, elle sait se faire toute à tous...

Une personne visitait un hôpital, et elle est étonnée de voir une femme, dont l'extérieur révélait à la fois la richesse et la distinction, assise auprès du berceau d'un petit enfant qu'elle entourait des soins les plus maternels ; elle alla aux renseignements. Cette femme, c'était la marquise de P., qui s'était faite à la fois bonne d'enfant et garde-malade d'une pauvre femme du peuple qui était devenue mère quelques jours après avoir éprouvé une fracture à la jambe...

Mais c'est à l'âme surtout qu'il est possible de faire du bien à l'hôpital : ces pauvres gens ne sont pas en général des ennemis de la religion, ils ont seulement vécu dans l'ignorance et dans l'oubli de leurs devoirs religieux. La maladie fait faire de sérieuses réflexions à tout le monde et change souvent les cœurs qui n'étaient qu'égarés. Un homme paraissait incrédule et affectait hautement l'impiété et la haine de Dieu ; souvent il avait répété ces paroles à sa femme : Si jamais je tombe malade, ne va pas t'aviser de me parler de religion, surtout d'introduire un prêtre dans ma maison. Il ne me resterait qu'un souffle de vie que je m'en servirais pour saisir un de mes pistolets pour brûler la cervelle à ce prêtre.

Quoique dans la force de l'âge, il tomba gravement malade ! Sa pauvre femme était auprès de lui, priant et pleurant, mais cachant ses prières et ses larmes ; elle n'osait dire un mot de Dieu.

Un jour, elle se trouvait seule près de son lit. Le malade prit ses mains avec affection en lui disant :

— Tu m'étonnes beaucoup.

— Et pourquoi donc, mon ami ?

— Pourquoi ! Comment, toi qui as de la foi, qui es pieuse, tu me vois souffrir atrocement, tu me vois dangereusement malade, et tu ne me parles pas de religion, pas de réconciliation avec Dieu !

— Mais, mon ami, est-ce que tu ne te souviens pas que tu me l'as défendu en me menaçant?...

— Que tu es bonne! reprit-il brusquement... Dans la santé, on dit beaucoup de choses qu'on ne devrait pas dire..., La maladie fait faire de sérieuses réflexions. La mort est un terrible passage... Je veux prendre le parti le plus sûr... Qu'on aille me chercher un prêtre... Il se confessa... La maladie disparut, mais la foi resta... Oh! que d'hommes en sont là; tous n'ont pas la sincérité et le courage de celui-ci. Il faut aider ces pauvres prodigues à revenir à la maison paternelle.

Je voudrais pouvoir raconter toutes les conversions que la charité fait à l'hôpital; elle brise les âmes les plus dures, mais c'est pour les sauver...

Il y a quelque temps, dans un hôpital de Paris, se trouvait un homme jeune encore; il était né dans la religion israélite; il était même rabbin, et sa femme appartenait à la religion de Mahomet. Il possédait un esprit cultivé et une sûre pénétration. Une affreuse maladie l'avait forcé d'entrer à l'hôpital; il frémissait de se trouver en contact avec des religieuses... Et souvent sa haine concentrée contre le christianisme se révélait en explosions de sarcasmes et de blasphèmes. Cependant, les tendres soins, les délicates attentions de ces anges de la charité le calmèrent un peu.

Or, un jour, il apparaît auprès du lit d'un mourant une dame qui l'exhortait, par les plus suaves paroles, à la patience et à la résignation, le suppliant même d'offrir à Dieu ses souffrances pour en obtenir un peu de soulagement pour lui, pauvre juif.

A ce spectacle, il est touché, ému jusqu'aux larmes; il jette là sa haine et son incrédulité, et prie une sœur d'appeler l'aumônier sur-le-champ.

Elle hésite, elle lui demande s'il a réfléchi, s'il se sent le courage... Oh! oui, répond-il; après ce que je viens d'entendre, rien ne peut m'arrêter... L'aumônier arrive; le malade lui prend la main, la baise avec effusion en lui criant : Mon père, pardonnez-moi, je ne savais ce que je faisais... Trois heures ils restèrent en conférence. Que se passa-t-il entre eux? C'est le secret de Dieu. Mais le pauvre enfant d'Abraham en sortit si changé qu'il édifia tous ceux qui l'entouraient. Tous se convertirent. Quelque temps après, il recevait le baptême avec sa femme; et, comme le dit la religieuse, témoin oculaire, il mourut de la mort des justes, en paix avec Dieu, avec les hommes et avec lui-même. C'était un fruit mûr pour le ciel.

O charité! qu'es-tu donc? quel est donc ton pouvoir? Mais hélas! les plus malheureux parmi les hôtes de l'hôpital ne sont pas toujours ceux qui y meurent; il en faudra sortir. Que faire, Que devenir alors? Il y a là de jeunes personnes que la misère et le vice attendent et guettent. La charité de ces dames y a pourvu... Un asile a été fondé, rue Notre-Dame-des-Champs, où les jeunes filles viennent achever leur convalescence en s'occupant de travaux à l'aiguille, jusqu'à ce que leur probité leur ait trouvé une place ou du travail... Quand elles ne peuvent les recueillir, elles les aident de leur bourse et des bons conseils de leur cœur.

.... Dans un autre hôpital de Paris se trouvaient, en 1853, deux jeunes personnes que le vice avait rendues mères. Les neuf jours étaient écoulés, il fallait sortir... Mais où aller? Que faire de leurs enfants qu'elles ne veulent pas abandonner? Qui voudra maintenant les occuper? Car le monde est toujours impitoyable. Il séduit, il déshonore ces pauvrès victimes des passions, et puis il détourne les yeux et les repousse du pied...

Pour comble d'infortune, l'une d'elles, qui habite Paris, apprend que le père de son enfant vient de se marier. Une mère seule peut comprendre leur douleur; elles se jettent dans les bras l'une de l'autre, elles pleurent, elles se consolent mutuellement.

Une des dames visiteuses arrive; elle apporte des paroles d'encouragement et quelques petits secours. Le moral se remonte, et une généreuse résolution est prise. L'une de ces jeunes femmes avait une chambre et quelques petits meubles, elles s'en vont l'habiter avec leurs enfants. Aujourd'hui, celle qui est née à Paris et qui sait parfaitement coudre, travaille nuit et jour; l'autre fait le petit ménage, et la vie, le repentir, la vertu sont venus habiter ce pauvre asile... Voilà la bonne charité; voilà une de ces occasions de faire bien que l'on doit bénir la Providence de nous avoir procurée. Oh! une bonne parole... un peu de son cœur, cela vaut mieux parfois, que des milliers de francs donnés aux pauvres.

Voilà un des plus beaux rêves d'une âme charitable : Rendre de pauvres créatures tombées à la dignité de l'homme et à la dignité du chrétien...

CHAPITRE VIII.

Œuvre de Sainte-Geneviève, en faveur de la banlieue de Paris.

La charité de Paris ne se contente pas seulement de faire le bien qui lui tombe sous la main, elle recherche le mal au-delà de son enceinte, et je ne sais si jamais elle s'est adressée à plus complète et plus affreuse misère. Hélas! il faut bien le dire, l'imagination la plus féconde s'épuiserait à trouver un vice, une impiété, une honte, un crime, une scélératesse qui n'habite pas la banlieue de Paris.

Eh bien! des femmes chrétiennes ont pris en pitié ces douleurs du corps et ces douleurs de l'âme, et elles ont associé leurs bourses et leurs cœurs pour essayer de rendre cette pauvre population digne de l'Évangile et digne de la France. Voyez comme la charité sait bien nommer les choses, cette œuvre a été appelée *Œuvre de Sainte-Geneviève.* Elle a pris pour protectrice l'humble bergère qui, à son passage dans la vie, a laissé sur cette terre le doux parfum des plus touchantes vertus.

L'œuvre est dirigée par M. l'abbé Étienne, supérieur des Lazaristes, et que l'on trouve à la tête de beaucoup d'autres œuvres. Cela doit être, il est un des successeurs de saint Vincent-de-Paul et le supérieur général de toutes les sœurs de charité de l'univers.

La présidente est Mme la marquise de Bouteillier; les vice-présidentes sont Mmes la comtesse de la Châtre et Stanislas Benoît. Mme Mailly est trésorière générale.

Je trouve, parmi les conseillères, Mmes la comtesse d'Auberville, la comtesse de Brissac, la comtesse Henri de Brissac, la marquise de la Coste, la comtesse de Chalembert, Casenave, Gélis, et Mlles de Boisneuf et de Montal. On se réserve de faire entrer dans le conseil des dames habitant la banlieue ou y possédant une influence qui pourrait concourir efficacement à l'exécution de cette pieuse entreprise.

Voilà une bonne pensée, une belle initiative; il est vraiment temps d'attirer sérieusement les regards sur cette partie de nos frères qui souffrent et qui font souffrir, qui s'égarent et qui se perdent.

Paris est fier de sa civilisation, de son luxe,

de son élégance, de ses arts et de ses chefs-d'œuvre de tout genre... Mais qu'il franchisse le mur d'enceinte, il ne se reconnaît plus, C'est à se demander s'il est encore en pays français et chrétien. Il trouve une plaie hideuse qui s'est attachée aux flancs de la brillante cité, qui l'enveloppe et qui l'enserre, plaie qui devient plus hideuse, plus sanguinolente depuis que les démolitions y ont rejeté tant d'existences misérables et déclassées... Tous les maux sont là... Il y a le mal qui meurt de faim et qui se cache sous ses haillons ; le mal qui ronge le corps et qui avilit les âmes ; le mal qui s'ignore et qui se trouve très-content de soi-même ; le mal qui s'attaque à Dieu et qui blasphème ; le mal qui s'attaque à la société et qui maudit tout ce qui est au-dessus de lui ; le mal qui professe des théories infâmes et qui les pratique... On n'y songe pas. Le communisme n'ose plus se montrer dans les livres ; mais, qu'importe, s'il se montre dans la vie réelle ? Aujourd'hui, au dix-neuvième siècle, le communisme est pratiqué sous sa plus hideuse forme en certaines parties de la banlieue que je ne veux pas nommer ; des hommes y font des théories de l'enfer. L'un d'eux, pour encourager au mal ses compagnons qui paraissaient avoir *des scrupules*, leur disait : *Vous avez détrôné Dieu, et vous voyez que ça n'en va pas plus mal. Quel est donc le crétin, le faignant qui aura peur de cette espèce imbécile qu'on appelle l'homme? Tout ça dépend de la manière de les travailler... Tapez, tapez dur, et ils vous livreront la caisse, et vous diront, par-dessus le marché, un merci accompagné d'une délicieuse petite grimace, de ce que vous voulez bien leur laisser la vie sauve.*

Sans doute, la masse de la population n'en est pas là; mais qui sait jusqu'où peut aller une génération qui n'a plus ni sens moral ni sens chrétien, qui n'a absolument que l'instinct des grossières jouissances! Les églises y sont désertes... La jeune fille même, naturellement pieuse, n'en sait plus le chemin. Sa mère le lui défend parfois, mais, en revanche, on lui donne toute liberté d'aller à la danse; elle rentre seule dans la nuit à l'heure fixée par son caprice, à deux heures, à trois heures du matin. Sa mère a eu soin de ne pas fermer la porte; après cela, on se plaint du nombre effrayant des enfants trouvés... Et voilà une jeune personne qui, dans quelques années sera mère de famille ; une mère, c'est quelque chose de sacré ; la maternité est une sorte de sacerdoce auquel il faut se préparer par des années de vertu. Voilà comme elle s'y prépare, elle... Oh ! malheureux le pauvre petit enfant qui, en souriant à la vie, lui dira : Ma mère !...

On va chercher bien loin des païens à convertir. Mon Dieu ! franchissez la barrière, vous en trouverez là, et de bien conditionnés. Ils ont toutes les hontes du paganisme avec les hontes de la civilisation de plus ; il n'y manque pas même la haine de Dieu et du prêtre.

Lors de l'affreuse catastrophe du chemin de fer de Versailles, un élève de l'École polytechnique, brûlé par l'eau bouillante, avait été transporté mourant dans une maison du voisinage ; un prêtre en est informé, il court à cette maison ; mais la maîtresse veut l'arrêter et appelle son mari ; celui-ci, au milieu de cet épouvantable malheur qui a pénétré, attendri toutes les âmes, sans pitié, sans merci pour le pauvre moribond, essaie de repousser le ministre du pardon en lui disant : *Les prêtres n'entrent pas chez moi.* Malgré ses efforts, le prêtre franchit l'escalier, arrive à la chambre du patient. Celui-ci lui tend la main, le remercie, bénit la Providence qui ne l'avait pas abandonné dans cet affreux moment, se confesse et meurt avec les sentiments de la plus chrétienne résignation. Ces pauvres gens, qui étaient riches des biens de la terre, étaient bouleversés, hors d'eux-mêmes ; un élève de l'École polytechnique serrer la main d'un prêtre, se confesser et mourir en chrétien, était pour eux chose inouïe, chose inexplicable !

Du reste, il y a là souvent de véritables païens. On trouve des jeunes filles de vingt ans, des hommes de trente ans qui ne sont pas baptisés. Quant au mariage, on sait, d'après cela, ce qu'il peut être...

Pourtant, comme il faut bien croire à quelque chose, les moins méchants se sont donné un Dieu, et ce Dieu, le croirait-on ? c'est le soleil. Au moins, ici, nous voilà en bel et bon paganisme. La manière dont ils honorent leur Dieu est tout à la fois triste et comique.

Une dame parlait un jour de Dieu à un brave homme de vieux jardinier... Mon bon Dieu, à moi, répondit-il en montrant le soleil, le voilà. Voilà le meilleur de tous, je n'en connais pas d'autre. Je le prie et je lui rends mes hommages, comme c'est mon devoir.

— Ah! vous le priez, et que lui dites-vous?

— Eh bien! le matin, quand je vois la rosée disparaître, les fleurs s'épanouir, les plantes pousser, je me baisse, je les regarde, je suis content. *Alors je me tourne vers le soleil, je lui tire ma casquette, je le salue et je lui dis : Nom de nom! êtes-vous capable et bon!*

Voilà le mal que l'*Œuvre de Sainte-Geneviève* a entrepris de guérir; il est bien grand et elle est encore bien petite; mais toutes les œuvres de Dieu ont commencé par là; et puis, ce qu'elle veut surtout, c'est donner une bonne pensée, prendre l'initiative, inspirer à d'autres la volonté et le courage d'agir : la chose du monde dont la France a le plus besoin aujourd'hui... La volonté! la volonté! mon Dieu, qui nous donnera donc des gens de volonté?

Nous l'avons dit : Ce que l'*Œuvre de Sainte-Geneviève* a voulu, c'était donner une bonne pensée, une efficace initiative, et elle a été largement comprise. Chez nous le vrai bien pratiqué avec simplicité et courage rencontre presque toujours des sympathies. Émettez une pensée, soutenez-la par une convenable offrande, c'est nécessaire, et souvent vous produirez des merveilles; mais malheureusement, il nous arrive parfois de donner les pensées et pas d'argent; et puis on se plaint, on accuse, on dit : J'avais une excellente pensée, mais on l'a repoussée, je ne veux plus m'en mêler, etc. Quand vous voudrez voir réussir vos projets, dites : *Je donne tant pour commencer.*

C'est ainsi qu'a agi l'œuvre dont nous parlons. Il est telle paroisse où elle a donné simplement cinq cents francs pour y établir une sœur. Ce don de la Providence a fait réfléchir; on a trouvé la pensée excellente et l'argent tout aussi bon. On s'est mis à l'œuvre, on a fait appel à la charité et aux autorités; en définitif il s'est trouvé que l'on a fait du bien pour plus de vingt mille francs.

A Lhay, une simple école a été établie, mais bientôt deux femmes charitables songent à l'abandon des orphelins de la banlieue, et pour leur assurer un asile elles consacrent soixante-dix mille francs de leur fortune; aujourd'hui la maison renferme quarante-neuf orphelines.

A Champigny, l'empereur a donné une offrande de mille francs. Avec ce don, le don de l'œuvre de Sainte-Geneviève, et tous les dons qu'il a provoqués, on a établi une école de filles, une salle d'asile qui contient cent quarante enfants.

Les sœurs de charité, une fois introduites dans la banlieue, ont dû aller à la recherche des pauvres et des malades, elles ne pourraient vivre sans céla. Une sœur de charité sans pauvres, sans malades, sans malheureux à soulager, cela ne s'est jamais vu, cela ne se verra jamais.

Il est vrai de dire qu'en certains pays on leur fermait la porte, les préjugés sont si grands!... Voilà la robe grise, disait-on, après ce sera la robe noire, nous n'en voulons pas... Mais la charité de ces cœurs dévoués a bientôt fini par réformer les idées, les sœurs sont aujourd'hui entourées de vénération, on les accueille avec bonheur partout... Ma sœur, est-ce que vous n'allez pas venir nous voir?... Entrez, quand vous n'auriez rien à donner; n'importe, venez, vous êtes si bonne, vous pleurez avec nous, et cela nous fait du bien.

A la Chapelle-Saint-Denis, une sœur montant un escalier rencontre un homme ivre et lui demande un renseignement; l'ivresse ne lui a pas fait oublier le respect, il est honteux et répond : Pardon, excuse, ma sœur, je ne suis pas dans un état convenable pour vous parler, montez, s'il vous plaît, ma femme vous répondra.

Après cela il est facile de comprendre le bien fait aux âmes. Est-ce que l'on pourrait refuser quelque chose à la *sœur?* Ainsi, à la barrière des Deux-Moulins, où se trouve agglomérée une population de dix mille hommes, nul n'est mort du choléra, cette année, sans avoir reçu les consolations de la religion. Que dire de tout le bien moral qui se fait? Là, c'est absolument comme chez les païens, tout y est à faire. On peut écrire tant d'adultes baptisés, tant de mariages bénis ; car dans cette pauvre banlieue, suivant l'expression du P. Milleriot, les mariages ont souvent besoin d'être *retapés.* L'année dernière soixante-quinze unions illégitimes ont été réhabilitées.

Mais je laisse parler le rapporteur, il dira mieux *l'œuvre de Dieu par les sœurs de charité.* Voici, dit-il, ce que m'écrit une des religieuses :

« Il est à remarquer que l'ordre et l'éco-
« nomie sont entrés dans beaucoup de fa-
« milles, avec la bénédiction de Dieu. Un
« nombre assez considérable d'enfants ont
« reçu, par nos soins, le saint baptême, dont

« ils étaient privés par la négligence de leurs « parents. Nous avons eu la consolation de « faire rentrer dans la bonne voie un grand « nombre de jeunes filles et de personnes « avancées en âge. Elles ont repris les pra- « tiques religieuses, et paraissent aux offices « de l'Église, depuis que nous avons pu leur « procurer des vêtements convenables, à « l'aide des ressources que nous ont pro- « curées les âmes pieuses. Je ne saurais « vous dire toutes les consolations que nous « recevons de nos chers malades, et des pra- « tiques religieuses qui s'introduisent tout « naturellement dans leurs familles. Plu- « sieurs mères font la prière en commun « avec leurs enfants, et même quelques-unes « avec leurs maris. Je suis heureuse de re- « connaître devant Dieu, que le bien qui a « été fait, nous le devons au bon concours « de toutes les autorités, et surtout à celui « de M. le curé, dont toutes les pensées n'ont « pour objet que le bien des âmes. »

« Il me serait impossible, m'écrit une « autre sœur, de vous rendre un compte « exact de toutes les œuvres spirituelles qui « se font dans notre banlieue. Mais je puis « déclarer avec assurance que le bien, loin

« de diminuer, prend chaque jour de nou-
« veaux accroissements. Ainsi, cette année,
« plus de trente mariages ont été légitimés
« et bénis : c'était autant d'unions illégiti-
« mes depuis dix, douze, quinze et vingt
« ans. Le dernier a été celui d'un pauvre père
« de famille qui vivait ainsi depuis quarante
« ans. Nous avons eu la consolation de le
« voir revenir à des sentiments tout chré-
« tiens. Plusieurs édifient maintenant toute
« la paroisse. Un bon nombre de jeunes
« gens et de jeunes personnes de seize à
« vingt ans ont été disposées à faire leur pre-
« mière communion. Parmi les jeunes filles
« de notre ouvroir externe, quatorze ont eu
« ce bonheur, et trente-deux se préparent à
« la faire cette année. Il suffit de connaître
« la corruption qui existe dans la banlieue,
« pour avoir une idée du bien qui s'y fait,
« chaque jour, par les bons conseils et les
« remontrances donnés à tant de jeunes
« filles, vivant dans le désordre, et que nous
« ramenons facilement au bien, en leur don-
« nant le moyen de sortir des garnis, ou en
« leur procurant des places. Plus des deux
« tiers des malades ont été administrés par
« le bon effet des visites que nous faisons.

« Les personnes aisées nous appellent aussi,
« afin que nous disposions leurs malades à
« recevoir la visite du prêtre, qui mainte-
« nant pénètre sans peine dans les familles,
« pour donner les secours de la religion à
« de pauvres âmes qui, sans cela, auraient
« quitté la vie sans élever leurs cœurs au-
« dessus de la terre. »

Voilà, une fois de plus bien constatée, la puissance de la charité... Allez là avec des paroles seules, si éloquentes qu'elles soient, vous serez repoussé... Allez-y avec un cœur qui aime et une main qui sache bien donner, vous serez accepté, vous serez béni..... Nous faisons donc des vœux pour que cette œuvre soit connue et développée. C'est peut-être la dernière planche de salut pour tant d'âmes qui se sont oubliées elles-mêmes.

A côté du dévouement, il est une autre force capable de vivement impressionner l'homme de la banlieue. C'est le bon exemple.

Dans les environs de Paris se trouvait, il y a quelques années, une paroisse devenue presque païenne... Le curé prêchait, mais inutilement. Nul ne remplissait le devoir pascal, les méchants disent pas même la servante du curé... Le confessionnal avait remplacé ses pénitents par des araignées. Le pasteur, désolé, essaya de ce moyen : soixante-quinze ouvriers de la société de Saint-François-Xavier de Saint-Sulpice se confessent le samedi et s'en vont le lendemain communier dans cette paroisse. Hélas? il n'y avait plus de nappe de communion. La vieille était usée, et nul n'avait songé à la remplacer, vu que c'était devenu un meuble inutile. On noua plusieurs serviettes, et une nappe fut improvisée... Après la messe, les ouvriers de Paris se dispersèrent dans les auberges et se mirent à parler aux ouvriers de l'endroit avec leur gaieté et leur franchise ordinaires. Impossible de se moquer d'eux et de les traiter de dévots, sous peine de se faire prestement rembarrer. L'impression fut magique. La population revint à l'église. A Noël, il y eut trente communions; à Pâques, il y en eut cinquante, et, à partir de ce jour, ç'a été une paroisse renouvelée. Qui empêche que de temps en temps ce genre d'apostolat ne soit répété ailleurs, au moins pour l'assistance à la messe?

FIN DU PREMIER VOLUME.

TABLE DES CHAPITRES.

FIN DE LA TABLE DU PREMIER VOLUME.

Beaugency. — Imp. GASNIER.

www.ingramcontent.com/pod-product-compliance
Ingram Content Group UK Ltd.
Pitfield, Milton Keynes, MK11 3LW, UK
UKHW020312230726
13925UKWH00002B/357